Karl Pilsl

Mut zur Freiheit

Mut zur Freiheit

125 Fragen

auf dem Weg in deine erVOLLgREICHe Selbstständigkeit

Was haben andere Menschen davon, dass es dich gibt?

Karl Pilsl

Mut zur Freiheit

125 Fragen auf dem Weg in deine erVOLLgREICHe Selbstständigkeit

1. Auflage, Februar 2013 (erschienen im Verlag entfalt media GmbH)

2. Auflage, Juni 2013 (unveränderter Nachdruck)

Erschienen im Verlag:
Verlag Gute Nachricht GmbH
Freyunger Str. 53 a | D-94146 Hinterschmiding
Telefon +49 (0) 8551 913350 | Fax +49 (0) 8551 913479
E-Mail: office@verlag-gute-nachricht.de
www.wirtschaftsrevolution.de

ISBN 978-3-935760-37-9

Inhaltsverzeichnis

Vorwort des Autors

Liebe Leserin, lieber Leser,

dieses Buch habe ich geschrieben, um dir zu sagen: Nimm dein Leben in die Hand und wage es, deine Träume, Visionen und Ziele zu verwirklichen.

Dieses Buch habe ich geschrieben, weil ich davon überzeugt bin, dass es in der heutigen Zeit viele Menschen gibt, die viel bessere Voraussetzungen haben, als ich hatte, aber nicht den Mut haben eine klare Entscheidung zu treffen fürs Unternehmertum. Daher gehen so viele Menschenspezialisten mit guten Problemlösungen verloren.

Dieses Buch habe ich geschrieben, weil ich weiß, dass du alle Voraussetzungen dafür hättest, ein guter Unternehmer zu sein, aber vielleicht bis zum heutigen Tage noch nicht den richtigen Ermutiger gefunden hast. Ein Ermutiger, der dich auch ermutigt und inspiriert in deiner Einzigartigkeit einzigartige Projekte zu realisieren.

Dieses Buch habe ich geschrieben, weil ich dir sagen möchte: Es gibt kein interessanteres Leben, als das zu tun, wozu man wirklich berufen ist und wofür unser Schöpfer uns auch mit allen Talenten und Fähigkeiten ausgestattet hat.

Dieses Buch habe ich geschrieben, um dich auch herauszufordern aus deiner Bequemlichkeitszone, die dir vielleicht alle Möglichkeiten gibt über die Runden zu kommen, aber dich daran hindert das Großartige, für das du berufen wurdest, in deinem Leben hervorzubringen.

Sei BRAV. Brav sein kommt von **„brave"**, das englische Wort für mutig und kühn. Darum sagt man ja auch **bravo**, wenn gewisse Menschen bereit sind, etwas zu tun, wo sich andere nicht drüber getraut haben. Darum sage ich nochmals: Bleib **brav**, auch wenn es manchmal schwerfällt, Dinge zu tun, die Angsthasen nicht bereit sind zu tun.

Und nun schicke ich dich auf den Weg mit diesem Wort - von Gott persönlich – aus der Bibel:

„Habe ich dir nicht befohlen: Sei mutig und stark? Fürchte dich also nicht und hab keine Angst; denn der Herr, dein Gott, ist mit dir bei allem, was du unternimmst." Josua 1, 9 (kath. Einheitsübersetzung)

Dein Freund und Mentor

Karl Pilsl

Widmung

Dieses Buch widme ich ganz besonders meinen 6 Söhnen (Karl Michael, Markus, Rainer, Sebastian, Matthias und Benjamin) und meinen beiden Schwiegersöhnen (Manfred und Albin). Seid mutig und stark! Ihr seid einzigartige Persönlichkeiten mit einer einzigartigen Berufung und einer kraftvollen Botschaft. Ich bin mächtig stolz auf euch und habe auch schon viel von euch gelernt.

Eure Träume, Visionen und Ziele werden mehr und mehr sichtbare Realität. Gebt die Botschaft weiter an eure Kinder – unseren bisher 15 Enkelkindern.

Einen herzlichen Dank meiner lieben Frau Monika, die mich all die Jahrzehnte bis zum heutigen Tag als eine starke Frau und Mutter im Hintergrund begleitete und eine große Ermutigung war bei all meinen verschiedenen (er*voll*greichen und nicht er*voll*greichen) Projekten. Du hast einen sehr großen Anteil an unserem gemeinsamen Er*voll*g.

Herzlichen Dank auch an meine Assistentin Gerti Freund, seit 1994 (fast 20 Jahre) bist du damit beschäftigt, mir den Rücken frei zu halten und mich in meinen zahlreichen Schwächen im Tagesgeschäft abzudecken. Wenn du nicht wärest, wären wir sicher nicht dort, wo wir heute stehen. Herzlichen Dank für deinen unermüdlichen Einsatz.

Herzlichen Dank auch an meinen Bruder Ernst, mit dem ich ein entscheidendes Stück des Weges gemeinsam gegangen bin und auch in Zukunft weitergehe. Du bist ein Visionär und ein Pionier wie ich und ein ausgezeichneter Fachmann auf deinem Gebiet. Ich freue mich auf eine noch viele Jahre andauernde gemeinsame Zukunft. Du warst und bist ein Segen für unseren Heimatort Sarleinsbach.

Herzlichen Dank auch an Dr. Ludwig Scharinger (Raiffeisen-Landesbank OÖ) der 1976 den Mut hatte, mir und meinem Bruder einen neuen Start in eine neue Zukunft zu ermöglichen.

Herzlichen Dank auch Prof. h. c. Wolfgang Mewes, der mich in den Jahren nach dem Konkurs 1976 mit der EKS in eine neue Ebene wirtschaftlichen Denkens führte.

Herzlichen Dank auch an Gernot Nieter, der mir Anfang der 80er Jahre jene Botschaft brachte, die mein Leben vollkommen revolutionierte und sowohl unsere Ehe, unsere Familie als auch unsere wirtschaftliche Zukunft auf ein ganz neues Fundament stellte und mich zur wichtigsten Entscheidung meines Lebens führte.

Herzlichen Dank all meinen Mentoren der darauf folgenden 30 Jahre – sie kommen alle aus den USA und um zu verkürzen, erspare ich mir hier die Auflistung der Namen. Es ist mit Worten nicht zu beschreiben, was ich von euch gelernt habe und wie wir alle, unsere ganze Familie, von eurer Großzügigkeit gesegnet wurden und noch werden.

Herzlichen Dank auch meinen schon lange verstorbenen Eltern für das Werte-Fundament, das sie uns in unsere Zukunft mitgegeben haben.

Der größte Dank aber gebührt unserem himmlischen Vater. Er lenkt unsere Schritte und führt uns immer wieder an den Ort, den er für uns bereitet hat. Ein Leben im Segen. Dein Timing ist perfekt.

Vorwort

Viele Menschen haben den Wunsch, sich beruflich selbstständig zu machen. Aus politischer und volkswirtschaftlicher Sicht ist das zu begrüßen: Es schafft Arbeitsplätze, setzt neue Entwicklungen in Gang und erweitert die Exportmöglichkeiten für Deutschland. Wie die Verwirklichung dieses Wunsches aussah, war in der Vergangenheit meist der Initiative des Einzelnen überlassen.

Es gibt ja viele Wege, wie man in der heutigen Zeit in die Selbstständigkeit hineinwachsen kann, um seine eigenen Träume, Visionen und Ziele zu realisieren.

Neben der ganz normalen Möglichkeit, eigene Ideen umzusetzen, gibt es in der heutigen Zeit auch viele Fertigexistenzen, unter anderem auch die Selbstständigkeit in einem Franchise-System. Und dieser Weg bietet viele zusätzliche Aussichten auf Erfolg.

Die Geschäfts-Aufgaben werden geteilt. Jeder tut das, was er am besten kann.

Der Franchise-Nehmer kümmert sich um seine Kunden, um deren Probleme und Wünsche. Er erbringt eine hervorragende Dienstleistung und er ist der erste Ansprechpartner in seinem Gebiet.

Der Franchise-Geber schult seine Franchise-Nehmer fachlich und kaufmännisch. Organisiert den gemeinsamen Einkauf, stellt die Produkte zur Verfügung und sorgt für eine einprägsame Marke, für einen attraktiven Internet-Auftritt und für wirksame Werbung.

In diesem System verbinden sich die Vorteile eines Klein-Unternehmens mit denen eines Groß-Unternehmens – ohne deren jeweilige Nachteile!

In Deutschland sind – im traditionellen Franchising – gegenwärtig schon mehr als 500.000 Menschen hauptberuflich in der Franchise-Wirtschaft tätig. Das ist eine Entwicklung, die man getrost als atemberaubend bezeichnen kann.

Darüber hinaus gibt es natürlich eine Reihe von sehr erfolgreichen Network-Franchise-Unternehmen, in deren Organisationen auch bereits Tausende Menschen erfolgreich unterwegs sind und sich eine gesicherte Existenz aufbauen konnten.

Es gibt heutzutage viele Möglichkeiten. Das, was aber Sie mitbringen sollten, ist: MUT ZUR FREIHEIT.

Es ist mir eine Freude, dass mein Freund Karl Pilsl, ausgewiesener Kenner des amerikanischen und europäischen Wirtschafts-Systems, Sie zur Selbstständigkeit aufruft.

Zu Ihrem Entschluss beglückwünsche ich Sie. Und für Ihren Weg zum Ziel wünsche ich Ihnen den Erfolg, der Ihr weiteres Tun beflügelt!

Dr. h.c. Dieter Fröhlich

Musikschule Fröhlich
Präsident des Deutschen Franchise-Verbandes e.V.

DFV
DEUTSCHER
FRANCHISE
VERBAND E.V.

Die Stationen meines Lebens

Bevor ich diese 125 Fragen auf dem Weg in deine er*voll*greiche Selbstständigkeit beantworte und dich wirklich inspiriere für deine Zukunft, möchte ich dir ein paar Dinge aus meinem bewegten, erfahrungsreichen Leben erzählen.

Du sollst wissen, dass ich kein Theoretiker auf diesem Gebiet des Unternehmertums bin.

45 Jahre Unternehmer prägen und formen einen Menschen, überhaupt dann, wenn er immer wieder bereit ist, aufzustehen und dazuzulernen. Insbesondere auch, wenn er immer wieder bereit ist, sich selbst und anderen zu vergeben und weiterzugehen. Das ist die Grundvoraussetzung dafür, wenn du wirklich aus deinen Fehlern lernen möchtest.

Mein Bruder und ich sind in armen Verhältnissen aufgewachsen. Unser Vater war Totengräber und Landwirt. Wir hatten keine Möglichkeit zu studieren, wir konnten nur die 8 Jahre Pflichtschule besuchen. Und auch während des Schulbesuchs waren wir schon sehr stark eingebunden in die – oft nicht besonders attraktive – Arbeit in der Landwirtschaft. Auf der Wiese, auf dem Acker und im Stall. Dabei lernst du schon sehr früh im Leben, woher das Brot kommt.

Nach der Pflichtschule – im Alter von 14 Jahren – begann ich eine Tischlerlehre, stellte aber bald fest, dass das Handwerk des Tischlers nicht meine Berufung war, und fing mit 15 Jahren beim Marktgemeindeamt Sarleinsbach eine Ausbildung zum Gemeindebeamten an und wurde dann auch bald Gemeindeamtsleiter in Oberkappel. Nebenbei startete ich schon im Alter von 17 Jahren mit einigen nebenberuflichen Aktivitäten und

Selbstständigkeiten (Direktvertrieb, Versicherungen, Verlagsprodukte usw.).

Mein ausgeprägter unternehmerischer Sinn führte mich auch bald zu einem politischen Engagement (Junge ÖVP, Gemeinderat) und so kam auch die 1. Station meiner Pioniertätigkeit.

1. Station meiner Pioniertätigkeit

1970 bis 1976

Gemeinsam mit meinem Bruder Ernst Pilsl bauten wir eine Tischlerei auf, die sich in den 6 Jahren zu einer für diese Zeit stattlichen Fensterfabrik auf der „Grünen Wiese" in Sarleinsbach mit über 200 Mitarbeitern entwickelte.

Mein Bruder Ernst, der bereits in ganz jungen Jahren die Tischlermeisterprüfung absolvierte, übernahm 1970 vom Vater den kleinen landwirtschaftlichen Betrieb. Die Scheune wurde in eine Werkstätte und der Rinderstall in ein Büro umgebaut.

Ich beendete meine Beamtenlaufbahn, übernahm die kaufmännische Geschäftsführung hauptberuflich und gemeinsam bauten wir mithilfe von Politik und Raiffeisen einen der größten Arbeitgeber der Region auf. Innerhalb von weniger als 6 Jahren beschäftigten wir mehr als 200 Mitarbeiter.

Dann kam der Konkurs aus Mangel an kaufmännischem Denken. Andere Interessen – auch politisch motivierte – wurden immer wichtiger. Stolz, Prestigedenken und Hochmut – gepaart mit Unwissenheit und mangelnder unternehmerischer Erfahrung – kommen bekanntlich vor dem Fall.

Diese Fensterfabrik wurde dann von der Firma Internorm übernommen und weiter ausgebaut. Mein Bruder Ernst gründete nach dem Konkurs die Türenfabrik TOPIC, die er 2008 (30 Jahre später) ebenfalls – mit 130 Mitarbeitern – an die Firma Internorm verkaufte.

Durch dieses „Samenkorn", das wir Pilsl-Brüder 1973 auf die „Grüne Wiese" in unserem Heimatort Sarleinsbach pflanzten, entstanden in unserem 2300 Einwohner zählenden Heimatort mindestens 1.000 Arbeitsplätze. Aus einem kleinen landwirtschaftlichen Ort im Mühlviertel wurde eine Industriegemeinde. Der Pioniergeist zweier junger Menschen wurde für viele Menschen dort zum Segen.

2. Station meiner Pioniertätigkeit

1977 bis 1986

Ich übersiedelte – 29-jährig – nach dem Konkurs mit meiner 5-köpfigen Familie nach Salzburg, um dort neu zu beginnen.

1977 gründete ich dort die Österreichische Bau-Marktforschung. 1977 hat mich aber auch meine erste Frau mit der jüngsten Tochter verlassen. Sie ging zurück in den Heimatort. Zwei Söhne, damals 6 und 4 Jahre, sind bei mir geblieben. Ich gründete dann 1978 gemeinsam mit Monika eine neue 5-köpfige Patchwork-Familie und fand in Monika eine Frau, die seither mit großer Hingabe meine Mit-Pionierin ist.

Die Österreichische Bau-Marktforschung wurde schnell zum marktbeherrschenden Unternehmen in diesem Bereich mit ca. 60 Angestellten und 2000 nebenberuflichen Informanten. Ein wahres Pionierprojekt, denn diese Art von Unternehmen hatte es vorher noch nicht gegeben. Es entstand die größte Baudatenbank Österreichs. Beginnend mit Schreibmaschine und Kopierer – ohne EDV-Anlage. Gegründet, obwohl ich aus dem Konkurs persönliche Bürgschaften von über 50 Millionen Schilling mit in meine Zukunft nahm. Aber es gibt ja auch ein Leben nach dem Konkurs.

Damals prägte ich auch den Spruch: „Willst du, dass es weitergeht, musst du einfach weitergehen!"

1986 verkauften Monika und ich dieses Unternehmen (heute DOCO-Media.at GmbH, www.Baudata.at) an eine große deutsche Verlagsgruppe und aus diesem von mir gesetzten „Samenkorn" in Vigaun/Salzburg entwickelte sich ein europaweit tätiges Unternehmen mit Hunderten Mitarbeitern.

Ein weiteres „Samenkorn" in Form einer Idee/Vision wurde gepflanzt und viele Menschen wurden und werden von der Ernte desselben gesegnet.

Von 1982 bis 1986 habe ich auch im Rahmen der Österreichischen Bau-Marktforschung und in Zusammenarbeit mit dem Strategenteam

Deutschland viele Mehr-Tages-Seminare zum Thema „Naturkonforme Strategie“ abgehalten, bei denen ich mehr als 700 meist bauabhängigen Unternehmern geholfen habe, ihre naturkonforme Erfolgs-Strategie zu entwickeln.

3. Station meiner Pioniertätigkeit

1986 bis 2007 (mit Unterbrechungen)

1986 nach dem Verkauf der Baudata GmbH haben Monika und ich uns entschieden für ein paar Jahre in die USA auszuwandern, um Neues kennenzulernen, nochmals stark in uns und unsere Zukunft zu investieren (Fundament bauen), ein College zu besuchen und unseren Kindern die Möglichkeit zu geben, eine freie evangelische Privatschule zu besuchen.

Das war die zweitbeste Entscheidung meines Lebens.

Wir hatten bereits seit 1979 in Texas ein Haus besessen und dort so gut wie jeden Sommer verbracht, um uns für ein neues Geschäftsjahr inspirieren zu lassen. Daher war es naheliegend, einmal längere Zeit dort zu verbringen.

1987 begann ich dann in den USA als Wirtschaftsjournalist mich mit der Frage zu beschäftigen: *„Was kann der deutsche mittelständische Unternehmer vom amerikanischen mittelständischen Unternehmer lernen?“*

In dieser Zeit entstand auch das Programm „ USA-for-you – Inspirations for Business and Life“. Im Rahmen dieses Programmes brachten wir fast 500 Menschen (Unternehmer, Jugendliche etc.) aus Deutschland, Österreich und der Schweiz zu einem sehr inspirativen Programm nach Oklahoma und Texas, um diese für einen Lifestyle als aktive, kreative und unternehmerisch denkende Menschen zu inspirieren.

In dieser Zeit habe ich viele Bücher, Presseartikel etc. geschrieben, Hunderte Audio und Video-Botschaften produziert und zu über 150.000 Menschen in Live-Veranstaltungen gesprochen.

Wir haben auch viele Seminare abgehalten zu den Themen Naturkonforme Strategie, Menschenspezialist, Visionäre Leadership, Mitarbeiter-orientierte Unternehmensführung, Er*VOLL*g beginnt zu Hause usw. mit Tausenden Teilnehmern.

In dieser Zeit haben wir die „Karl Pilsl's Leadership Academy" gegründet (mit über 600 Teilnehmern), die dann im Jahre 2009 aus aktuellem weltwirtschaftlichem Anlass in die UMDENK-AKADEMIE® mündete.

Parallel analysierte ich auch weit über 100 amerikanische Unternehmen, die aus dem Nichts gegründet wurden und buchstäblich zu sehr erfolgreichen, international tätigen Unternehmen heranwuchsen.

Mich interessierte immer: Wer hat die Firma gegründet? Welche Vision hatte dieser Pionier? Was waren seine Werte, auf die er sein Leben baute, und was waren seine wichtigsten Entscheidungen auf dem Weg zum großen Er*voll*g?

Durch diese Arbeit habe ich einzigartiges Know-how, Einsichten und Erkenntnisse erworben, die ich heute in vielen Vorträgen, Seminaren, Büchern und Audio-CDs/DVDs weitergebe.

2007, nachdem alle Kinder erwachsen, fast alle verheiratet waren und ihre Wege gingen, haben Monika und ich beschlossen, den Mittelpunkt unserer Lebensbeziehungen wieder in Europa zu gründen und sind nach Bayern übersiedelt.

In diesen 20 Jahren, die stark unter dem Einfluss amerikanischer Inspiration standen, haben wir Tausenden Menschen geholfen, ihre eigenen Samenkörner – für ihre ganz persönliche Berufung – zu pflanzen.

4. Station meiner Pioniertätigkeit

1993 bis 1997

1993 begannen Monika und ich in Wels/Österreich mit einem kleinen Treffen jeden Sonntagabend in unserem Haus, das wir „Hour of Power" nannten. Beim ersten Treffen waren 9 Gäste gekommen, beim zweiten Treffen schon 22 und so ist die Besucherzahl kontinuierlich gewachsen, bis es notwendig war, dafür ein eigenes Gebäude zu mieten. Bei diesen Treffen ging es inhaltlich immer um Inspiration für ein Leben im praktischen Glauben.

Zu Ostern 1994 übersiedelten wir dann als „Glaubenszentrum Gute Nachricht e.V." in das neue Gebäude in der Wiesenstraße 52 in Wels und es entstand dort eine freie evangelische Christengemeinde nach amerikanischem Muster. Bereits im Herbst 1994 kam auch eine 2-jährige Bibelschule dazu, ebenfalls nach amerikanischem Muster aufgebaut. Wir holten uns dafür Unterstützung aus den USA und so kamen Fred und Judy Lambert, die wir in den USA kennengelernt hatten und heute diese freie Christengemeinde samt Bibelschule leiten, nach Österreich. Bereits im Jahre 1996 musste das Gebäude in der Wiesenstraße 52 in Wels zur Gänze gemietet werden (über 1600 qm Nutzfläche und über 400 Sitzplätze) und gehört heute zu den größten freien Christengemeinden in Österreich.

1997 haben die Leitung dieser Gemeinde unsere damaligen Stellvertreter Fred und Judy Lambert übernommen, die diesen geistlichen Dienst seither unter www.fcg-wels.at (Freie Christengemeinde Wels) weiter ausgebaut haben.

Ein weiteres „Samenkorn" wurde damit gepflanzt. 1997 sind wir dann mit unseren vielen Kindern wieder in die USA umgezogen, um dort die Arbeit als Wirtschaftsjournalist und Verleger fortzusetzen. Auch wollten wir die Kinder wieder in eine amerikanische Privatschule schicken, um den oft nicht guten Einflüssen unserer Schulen hier in Europa zu entgehen. Unsere Kinder sollten ein gesundes Fundament für ihr Leben bekommen.

5. Station meiner Pioniertätigkeit

Seit 1979 bin ich mehrmals jährlich zwischen den USA und Europa gependelt. Mindestens 300 Flüge über den Atlantik sind es bis zum heutigen Tag, die ich „absolvierte", und so habe ich auch immer zwei verschiedene Kulturen miteinander verbinden können. Es gibt ja auf beiden Seiten des Atlantiks gute Dinge – und wenn man diese sucht, findet man sie. Und wenn man diese guten Dinge auch noch miteinander verbindet, dann gibt es auch einen guten Output (Frucht) im Leben. Schon Apostel Paulus sagte: „Prüfet alles und behaltet das Gute!" Das habe ich mir schon von Jugend an sehr zu Herzen genommen.

So kam es dann zum nächsten Pionierprojekt und dazu, dass Monika und ich im Jahre 2001 in Deutschland die Firma „Verlag Gute Nachricht GmbH" gründeten und begonnen haben unter dem Internetauftritt www.wirtschaftsrevolution.de – wir müssen umdenken – die Menschen darauf vorzubereiten, dass eine revolutionäre Zeit kommt, in der es unumgänglich sein wird, dass wir umdenken.

Ich hatte bereits in den 80er und 90er Jahren in den USA gesehen und erkannt, dass die hohe Politik und die Finanzwirtschaft „Samenkörner" formt, die zu keinem guten Ergebnis führen können. Es ist nämlich ganz einfach: Wenn man schon das Samenkorn richtig identifiziert, dann braucht man kein Prophet mehr zu sein, um voraussagen zu können, wie die Ernte aussehen wird. Weizen bringt Weizen, Unkraut bringt Unkraut. So ist es mal.

Daher habe ich bereits im Jahre 2001 begonnen, die Menschen mit vielen Vorträgen und Veranstaltungen unter dem Titel „Wem gehört die Zukunft in Europa?" oder „Deutschland, wohin gehst du?" darauf vorzubereiten, dass eine Zeit auf uns zukommen wird, wo wir dieser Ernte nicht auskommen werden und es daher sehr wichtig sein wird, sich frühzeitig darauf vorzubereiten. Also UMDENKEN ist angesagt.

In diesen 12 Jahren seit 2001 habe ich mit diesen Botschaften in Live-Veranstaltungen, Vorträgen, Seminaren, Büchern, Audio-CDs, DVDs, Internet usw. mindestens 1 Million Menschen erreicht (in verschiedenen Ländern) – und mir auch eine relativ große „Fangemeinde“ aufgebaut. Mein wöchentlicher Newsletter „Ermutigung für die Woche“ geht jeden Montag früh direkt an Zehntausende aktive Abonnenten und wird von diesen an eine Vielzahl von Lesern weitergeleitet.

Jedes einzelne Buch, jedes gesprochene Wort und jeder Ermutigungs-Newsletter ist ein „Samenkorn“, das die Herzen vieler Menschen erreicht und oft auch sehr gute, multiplikative Frucht hervorbringt.

6. Station meiner Pioniertätigkeit

Und dann kam die Umdenk-Akademie®. Im Jahre 2009 kam es weltweit zum ersten Schritt der internationalen Finanzkrise mit allen Folgewirkungen. Die Menschen – und auch die Politiker und öffentlichen Meinungsbildner – begannen darüber zu sprechen, wie wichtig es sei, umzudenken. Aber alle glaubten, es betreffe nur die anderen. Gierig waren ja immer nur die anderen.

Aus dieser zunehmenden Bewusstseinsentwicklung des UMDENKENS heraus haben sich Monika und ich dann auch entschlossen, aus der bis dahin genannten „Karl Pilsl‘s Leadership-Academy“ die UMDENK-AKADEMIE® zu formen. Es geht ja beim Umdenken nicht nur um Leadership, sondern auch um viele persönliche Fragen der einzelnen Menschen, Existenzgründungen, Folgen der „göttlichen Berufung“ usw.

Daher begannen wir im Jahre 2009 im Rahmen der Umdenk-Akademie® Menschenspezialisten® auszubilden, Umdenk-Trainer® zu lizenzieren, Visionspartnerschaften aufzubauen und Menschen zu helfen ihren ganz persönlichen Weg zu finden.

Diese Mehrtages-Seminare zu den Themen

„UNO – Umdenken und neu Orientieren“,

„Wie werde ich ein Menschenspezialist?“,

„Die naturkonforme Strategie“,

„Visionäre Leadership“ und „Mitarbeiter-orientierte Unternehmensführung“

finden seit 2009 im heimatlichen Mühlviertel (St. Stefan am Walde – im neuen Hotel AVIVA) statt. www.umdenk-hotel.at

Dieses Hotel ist darauf spezialisiert, Menschen, die sich persönlich oder beruflich neu orientieren möchten, neue Perspektiven für ihre Zukunft zu geben. Ein einzigartiger Ort für Menschen mit Weitblick und Vision.

Seit 2009 haben mehr als 2500 Menschen diese mehrtägigen Seminare der Umdenk-Akademie® besucht. (Stand Februar 2013)

Die Umdenk-Akademie® lizenziert auch Umdenk-Trainer®, weil es darum geht, dass auch viele andere Menschen diese ermutigenden Botschaften in ihre Region, Firmen bzw. Organisationen tragen, damit viele, viele Menschen etwas davon haben, dass es uns gibt.

Es werden hier Monat für Monat viele Samenkörner ausgestreut in die Herzen der Menschen, die ihr Leben in die Hand nehmen und mit ihrer gottgegebenen Berufung ein Segen für viele Menschen sind.

Die Umdenk-Akademie® und wir helfen mittlerweile Tausenden Menschen auf dem Weg in ihre Selbstständigkeit. Ich bin ein Pionier, der nicht nur sein Know-how, seine Erfahrungen, sein Wissen und seine Erkenntnisse, sondern auch seine weitreichenden Beziehungen und Kontakte seinen Visionspartnern weitergibt.

7. Station meiner Pioniertätigkeit – das Umdenk-Akademie®-Zentrum in Wels/Österreich

Nun kommt der Aufbau von Netzwerken gleichgesinnter Menschen, ausgehend vom neuen Umdenk-Akademie®-Zentrum in Wels.

A) ErVOLLg beginnt zu Hause – die Menschenspezialisten®

Gemeinsam mit meinem Bruder Ernst, mit dem ich – ausgehend von 1970 – in unserem Heimatort und weit darüber hinaus schon einiges bewegt habe, startete ich in Wels in Kooperation mit dem Unternehmen Pieno®, die Pilsl Marketing GmbH.

PIENO® – die Tür zum Er*VOLL*g. Denn Er*VOLL*g beginnt zu Hause.

Dieses neue Unternehmen **PIENO®**, geleitet vom Sohn meines Bruders, Mario Pilsl, macht einen weiteren Quantensprung in der Art, wie man die Herzen der Zielgruppe erreicht. PIENO® liefert die Hauseingangstüren. Sie sind von jeher die besseren Türen, weil sie auf eine über 30-jährige Haustüren-Spezialisierung mit internationalem, ja weltweitem Kundenstamm zurückgreifen kann:

Die Firma TOPIC, das Unternehmen, das mein Bruder Ernst Pilsl 1977 in Sarleinsbach gegründet hat, ausgehend nach dem Konkurs des Fensterwerkes wieder mit einer kleinen Dorftischlerei, hat Ernst innerhalb von 30 Jahren zu einem hoch spezialisierten, international tätigem Haustüren-Erzeuger mit 130 Mitarbeitern aufgebaut.

Ernst hat die Firma Topic 2008 an die Firma Internorm (IFN) verkauft und war bis dahin internationaler Marktführer in dem schmalen Zielgruppen-Segment „Die schönste Trennung von drinnen und draußen – eine Haustüre so einzigartig wie der Hausbesitzer".

Nun verbinden zwei Pioniere mit einer gemeinsamen Pionierεrfahrung von fast 100 Jahren mit verschiedenen Unternehmen, Projekten, Organisationen in Österreich, Deutschland und den USA ihre einzigartigen Erfahrungen als Unternehmer und haben sich entschlossen, gemeinsam vielen, vielen Menschen zu helfen, ihren Weg in die Selbstständigkeit, ihre einzigartige gottgegebene Berufung und damit wirtschaftliche Unabhängigkeit zu finden. Und Er*VOLL*g beginnt eben mal zu Hause.

Daher auch das gemeinsame Unternehmen Pilsl Marketing GmbH in Wels.

Der Ausgangspunkt dafür ist die Haustüren-Marke PIENO® – Die Tür zum Er*VOLL*G – denn Er*VOLL*g beginnt zu Hause.

Die Haustüre für sich alleine gestellt ist zwar wichtig und soll weiterhin die schönste Trennung von drinnen und draußen sein, aber wirklich entscheidend ist für die er*VOLL*greiche Zukunft eines Menschen, was HINTER der HAUSTÜRE – eben im Hause, zu Hause – tagtäglich geschieht, gesprochen und erlebt wird.

Dieses Marketingsystem www.menschenspezialisten.com ist eine Plattform gleichgesinnter Menschen, die sich gegenseitig weiterempfehlen und sehr stark daran interessiert sind, dass das Gedankengut der Umdenk-Akademie® weit verbreitet wird – möglichst in jedes Haus kommt – und die im Rahmen der Umdenk-Akademie® auch zu Menschenspezialisten® und wenn gewünscht auch zu Umdenk-Trainern® ausgebildet werden.

Wir wollen gemeinsam den Menschen helfen, menschenorientierte Unternehmer und Führungskräfte zu werden – egal, ob selbstständig oder im Arbeitsverhältnis stehend – ihre gottgegebene Berufung zu finden und er*VOLL*greich auszuleben und mit uns gemeinsam einen Weg zu gehen, der unserem Land hilft, aus der derzeitigen Abhängigkeit von den „Finanzeliten“ (Finanzdiktatur) herauszuwachsen und wieder ein unabhängiges Heimatland zu werden.

Jeder Mensch, jung oder alt, weiblich oder männlich, haupt- oder nebenberuflich, ist eingeladen, mit uns gemeinsam ein Neues zu gestalten.

Wenn du gerne mitarbeiten oder teilhaben möchtest an einer großartigen Vision, freuen wir uns natürlich sehr auf deine Nachricht an visionspartner@menschenspezialisten.com

B) Club45plus – die Faszination der zweiten Lebenshälfte

Im Jahre 2010 hatte ich eine Vision darüber, was passieren würde, wenn die Menschen jenseits von 45/50 nochmals so richtig als „Jungunternehmer" durchstarten würden. Männer und Frauen in ihrer zweiten Lebenshälfte, die jetzt bereit sind Dinge zu tun, die sie vorher nicht getan haben.

Und ich begann darüber zu sprechen und zu schreiben: „Die Faszination der zweiten Lebenshälfte". Und es entstand das Buch „45plus – Die Menschenspezialisten". Welches bereits jetzt (2013) eine Auflage von Zehntausenden (Printausgabe und Downloads) hat und vielen Menschen im deutschsprachigen Raum zur großen Ermutigung geworden ist.

In den USA habe ich gesehen, wie viele wirklich große, sehr erfolgreiche Unternehmen von Menschen gegründet wurden, die zum Zeitpunkt der Unternehmensgründung schon über 50 waren. Und unsere Gesellschaft von heute bereitet diese Leute (nach einer Intensiv-Ausbildung des Lebens) auf die Pensionierung vor? Das darf doch nicht sein.

Mir ist bewusst geworden, wie viele **stille Reserven** schlummern, die es gilt zum Vorteil unserer Jugend einzusetzen, indem wir „reifere Semester" nochmals richtig durchstarten und Arbeitsplätze für junge Menschen schaffen. Dazu braucht es aber ein neues Bewusstsein in Gesellschaft und Politik – und vor allem bei den Bankern.

Ich habe mir auch die Frage gestellt, ob es auf dieser Erde ein Land gibt, das in echtem Wohlstand lebt, obwohl die Frauen aus religiösen oder politischen Gründen unterdrückt werden. Und es gibt keines. Kann auch nicht sein, weil Gott den Frauen „features" mitgegeben hat, von denen wir Männer nicht mal eine Ahnung haben, dass es diese intelligenten „Sonderausstattungen" gibt.

Stell dir vor, was passieren würde, wenn nicht nur die Männer jenseits von 50, sondern auch die Frauen nach ihrer „Familienzeit" nochmals ihr Leben wirklich in die Hand nehmen würden und mit ihren einzigartigen Talenten, Fähigkeiten, Träumen, Visionen und Zielen so richtig durchstarten würden? Jenseits von 45 …? Das wär doch was! Aber dazu braucht es ein neues Bewusstsein nicht nur in Gesellschaft und Politik, sondern auch bei den Frauen selbst.

Wir müssen umdenken. Denn nur wenn die Menschen aufblühen, blüht auch unser Land wieder auf.

Und damit wir diese vielen **stillen Reserven**, die in den Menschen jenseits von 45/50 stecken und bisher bei vielen von uns noch nicht wirklich freigesetzt wurden (obwohl bestens ausgebildet, zubereitet und genießbar gemacht in der Bratpfanne des Lebens), heißt mein nächstes Pionierprojekt:

CLUB45plus – Die Faszination der zweiten Lebenshälfte.

Ja, die Zukunft gehört den Menschenspezialisten®.

Eine Plattform gleichgesinnter Menschen jenseits von 45/50, die erkannt haben, dass das Leben jenseits von 50 nicht dem Ende zugeht, sondern erst so richtig beginnt. Genießbar gemacht für andere Menschen ist man in der zweiten Lebenshälfte in der Lage, Dinge zu tun und Projekte zu realisieren, die man mit 30 noch gar nicht „stemmen könnte".

Möchtest du mir dabei helfen? Wir freuen uns auf deine Kontaktaufnahme. 45plus@menschenspezialisten.com

Und möglicherweise kommt noch einiges dazu in den nächsten Jahrzehnten meiner zweiten Lebenshälfte.

Ich bin ja erst 65 – und noch voll visionärer Power und exzellenten persönlichen und wirtschaftlichen Voraussetzungen, etwas Größeres zu bewegen.

Ich war auch noch zwischen den großen Pionierprojekten aktiv mit einer Reihe von kleineren von mir pionierten Projekten, bei denen ich VIEL gelernt habe – und nicht alle waren wirklich er*voll*greich.

z.B.

1980 - 1985	**Verlag Modernes Bauen GmbH**
	Herausgabe eines umfangreichen Bauherren-Handbuches mit einer Auflage von fast 100.000 Stück. Durch den Verkauf der Österreichischen Bau-Marktforschung wurde dieses Handbuch in veränderter Form von einem Mitbewerber übernommen.
1985 - 1986	**Baubetreuungsteam AG**
	Eine Vereinigung von bauabhängigen Firmen mit dem Ziel, Bauherren in regionalen Veranstaltungen zu informieren und zu betreuen. War nicht wirklich er*voll*greich. Musste 1986 wieder eingestellt werden.
1987 - 1988	**Magazin „Ideen aus Amerika"**
	Dieses Magazin mit einer Auflage von ca. 30.000 Stück wurde über die österreichischen Kioske in den Markt gebracht. Da jedoch die Verkaufszahlen nicht ausreichend waren, um die Kosten zu decken, wurde das Magazin nach der 3. Auflage wieder eingestellt.
1987 - 1990	**Magazin „Großmutters Geheimnisse"**
	Dieses zweimonatlich erscheinende Magazin wurde im gesamten deutschsprachigen Raum über die Zeitschriften-Kioske verkauft und erreichte bis 1993 eine Gesamtauflage – inklusive einiger Lizenzausgaben anderer Verlage – von über 2,0 Mio. Dieses Magazin wurde dann 1990 an eine deutsche Druckerei verkauft, die das Projekt bis 1993 weiterführte. Die Verlagsrechte

liegen bis zum heutigen Tag bei meiner Frau Monika Pilsl und warten darauf, dass sie wiedermal verlegerisch zum Vorteil einer bestimmten Zielgruppe genutzt werden.

1990 - 1999 **Strategie 2000 – „Starke Worte für starke Zeiten"**

In diese Zeit fallen das Schreiben und die Herausgabe der Broschüren-Serie „Starke Worte für starke Zeiten" und die damit einhergehenden Ermutigungs-Seminare, die ich im gesamten deutschsprachigen Raum gehalten habe. Diese Broschüren-Serie, die bis zum heutigen Tag ein Teil des Verlagsprogrammes von Verlag Gute Nachricht GmbH ist, hat seit 1990 eine Auflage von mehreren Hunderttausenden Stück erreicht und vielen Menschen Hoffnung und Ermutigung gebracht. Der Name Strategie 2000 hat sich mit der Jahrtausendwende überlebt.

1990 - 1993 **Harrison House Europe – Publishing**

Harrison House Publishing war in den 80er und 90er Jahren einer der weltgrößten christlichen Verlage. Ich habe für diesen Verlag in den Jahren von 1990 bis 1993 den englischsprachigen europäischen Markt pioniert, neu aufgebaut und Händlerstrukturen geschaffen, die z.T. bis zum heutigen Tag Bestand haben. 1993 habe ich dann die Verantwortung für dieses Projekt an den größten britischen Kunden übertragen, da auch England der größte englischsprachige Markt in Europa ist. Das war ein Projekt, das mir sehr stark geholfen hat, Medien- und Verlags-Know-how zu sammeln, das mir dann später bei meinen eigenen Büchern sehr stark zugutegekommen ist. Vorwiegend ein Lernprojekt.

1995 - 1997 **Mir-tut's-wohl GmbH in Wels, Österreich**

Das war eines meiner Projekte, die ich mir im Nachhinein gesehen am liebsten erspart hätte. Wir produzierten Holz-Massage-Männchen mit dem Ziel, Menschen, die arbeitslos waren und unsere freie Christengemeinde besuchten, zu helfen und ihnen die Chance auf ein kleines Einkommen zu geben. Wir haben innerhalb von 2 Jahren auch über 400.000 solcher kleiner Massagemännchen produziert und verkauft, aber aufgrund von Unzulänglichkeiten und „Leichtsinnigkeiten" und einer plötzlich auftretenden Konkurrenz aus Taiwan musste dieses Projekt im Jahre 1997 eingestellt werden. Mit einigen negativen Folgewirkungen und viele Möglichkeiten dazuzulernen und daran weiter zu wachsen.

1998 - 1999 **Eine Neue Reformation e.V. in Lutherstadt-Wittenberg**

1 Jahr lang waren wir nicht nur mit einem Seminarzentrum, einem Medienprojekt und einer freien Christengemeinde in Lutherstadt-Wittenberg aktiv, sondern wir haben auch dort mit unserer Familie gewohnt. Wir hatten dort 8 Monate lang, Tag für Tag, 7 Tage die Woche jeden Tag zwei Veranstaltungen (ohne Ausnahme) und es sind Besucher aus dem gesamten deutschsprachigen Raum gekommen.

Gleichzeitig haben wir dort auch für amerikanische Freunde – auch Gastsprecher bei unseren Veranstaltungen – mitgeholfen, in der in den USA hoch angesehenen Lutherstadt-Wittenberg Videofilme zu drehen für ihre amerikanischen Fernsehsendungen.

Dieses Jahr in Lutherstadt-Wittenberg war wirtschaftlich betrachtet nicht unbedingt ein Er*voll*g. Aber als Mensch habe ich in dieser Zeit sehr viel gelernt und darüber hinaus habe ich hier jene Menschen aus Deutschland kennengelernt, die später meine wichtigsten Multiplikatoren waren für unsere Seminare und Vorträge zum Thema www.wirtschaftsrevolution.de in Deutschland.

Fazit dazu: Dieses Jahr würde ich wieder investieren.

50 Jahre aktives Berufsleben, davon mindestens 45 Jahre als Selbstständiger, Unternehmer, Kaufmann und Leader (auch das war ein Wachstumsprozess vom Selbstständigen zum Leader) mit Dutzenden herausfordernden Projekten auf beiden Seiten des Atlantiks, qualifizieren mich – gemeinsam mit den sehr intensiven Unternehmer- und Pioniererfahrungen meines Bruders Ernst Pilsl – wahrlich dazu, Menschen auf dem oft steinigen Weg in die Selbstständigkeit bzw. ins Unternehmertum zu helfen und sie zu ermutigen.

Nur wer bereit ist Dinge zu tun, die andere Menschen nicht tun würden, kann Dinge erleben, die andere Menschen niemals erleben können.

Vom Selbstständigen zum Leader:

Der Weg war steinig, aber jede Minute war es wert. Der Weg vom Selbstständigen über den Unternehmer hin zum Kaufmann und zum Leader und Mentor vieler Menschen.

Selbstständig sind viele. Aber sie unternehmen nicht viel. Daher kommen sie nicht weiter.

Eines Tages wird man zum Unternehmer. Unternehmer ist jemand, der etwas unternimmt, auch wenn es sich oft kaufmännisch nicht rechnet. Was man meist aber erst hinterher bemerkt.

Dann wirst du vom Unternehmer zum Kaufmann. Ein Kaufmann kann rechnen. Dinge müssen sich rechnen, sonst haben sie auf Dauer keinen Bestand. Das musste ich lernen auf oft schmerzhafte Weise.

Und dann erst entwickelt man sich zum Leader für andere Menschen. Man hat etwas zu geben. Weiterzugeben an jene, die auf dem Weg über die Selbstständigkeit ins Unternehmertum zum Kaufmann und schließlich zum inspirierenden, ermutigenden Leader noch ganz am Anfang stehen.

Es ist es aber wert, diesen Weg zu gehen.

Und mein Bruder Ernst und ich haben Freude daran, dich dazu zu ermutigen, dein Leben selbst in die Hand zu nehmen und wir geben sehr gerne unsere Erfahrungen und unser Know-how an Menschen, die auch etwas damit tun, weiter.

Die wichtigste Entscheidung meines Lebens am 24. 6. 1982

1981 lernte ich im Schwabenland einen Unternehmer kennen, der auch Seminare veranstaltete für Unternehmens-Strategie. Da ich mich seit Ende der 70er Jahre intensiv mit der EKS – Engpass konzentrierten Strategie – beschäftigte, war das unter „Nieter-Strategie" angebotene 3-Tages-Seminar für mich hochinteressant und ich fuhr voller Erwartung in den Schwarzwald, nach Freudenstadt.

Zu meiner großen Überraschung zitierte der Seminarleiter Heinz-Gernot Nieter immer wieder aus der Bibel – und das vor einer Gruppe von 30 hochkarätigen Unternehmern in einem Steigenberger-Hotel – das war mir dann doch fast zu viel, obwohl ich in einer gläubigen Katholiken-Familie aufgewachsen war.

Dieser Mann tat dies aber mit einer kraftvollen Überzeugung und ohne religiösem Firlefanz, sodass ich ihm in einer Pause die Frage stellte: „Woher nehmen Sie Ihre Power?" Seine Antwort war für mich erstaunlich ungewöhnlich: „Von Jesus Christus." Das war seine knappe, mich herausfordernde Antwort.

Ich dachte mir: „Wie kann denn Jesus Christus solche Power geben, wenn er doch am Kreuz hängt? Und außerdem, der hat mir doch so viel Power gekostet, als ich früher als Ministrant jeden Tag um 6 Uhr früh in die Kirche musste." So stellte ich ohne weiteres Überlegen diesen Seminarleiter in die Sektenecke. Auf diese Antwort war ich einfach nicht vorbereitet.

Eigentlich wollte ich abreisen, denn mit einer Sekte möchte ich ja nichts zu tun haben.

Aber am nächsten Morgen fragte ich ihn: „Sagen Sie mal, bei welcher Sekte sind Sie denn?" Er sagte: „Ich bin bei keiner Sekte, ich bin evangelisch bzw. evangelikal." Ich kannte den Unterschied ja sowieso nicht, war jedoch froh, dass er evangelisch war und bei keiner Sekte – und ich blieb im Seminar.

Diese 3 Seminartage sind bei mir nicht spurlos vorübergegangen und haben einen ziemlich starken Eindruck hinterlassen, insbesondere die vielen Beispiele aus der Bibel – in direktem Bezug zu einer naturkonformen Unternehmensstrategie. Das war für mich vollkommen neu.

Heinz-Gernot Nieter ließ aber nicht locker. Er spürte förmlich, dass ich „hungrig" war nach mehr von Gott und hat mich in den Wochen und Monaten darauf immer wieder mit einschlägiger Literatur und Vorträgen zum Thema Glauben von bekannten Persönlichkeiten wie Peter Hahne (ZDF), Dr. Siegfried Buchholz (BASF) usw. versorgt.

Außerdem habe ich in der Zwischenzeit immer wieder und immer mehr Erlebnisse gehabt, die außergewöhnlich positiv waren und nicht von Menschenhand gesteuert werden konnten. Das hat mich natürlich immer noch neugieriger gemacht.

Schließlich bekam ich auch eine Einladung zu einem Abend christlicher Geschäftsleute in Österreich – und zwar am 24. Juni 1982. Ein Unternehmer aus dem Bayerischen Wald, Dr. Ulrich von Schnurbein, war der Vortragende und er erzählte, wie Jesus Christus in seinem Leben und seinem Unternehmen die Dinge immer wieder zum Besseren führte und für ihn viele Probleme löste. Das hat mich besonders interessiert, denn meine persönlichen und wirtschaftlichen Herausforderungen waren sehr ähnlich gelagert und ich hatte mich wirklich nach „göttlicher Problemlösung" gesehnt.

Dieser Sprecher zitierte dann den Vers aus dem Johannes-Evangelium, Kapitel 1, 11 - 12: „Er kam in sein Eigentum, aber die Seinen nahmen ihn nicht auf, allen aber die ihn aufnahmen, DENEN gab er Macht, Kinder Gottes zu werden …" Und er rief zu einer persönlichen Entscheidung auf.

Ich bin diesem Aufruf gefolgt und sagte: „Herr Jesus Christus, wenn es dich wirklich gibt und wenn du nicht mehr am Kreuz hängst, sondern tatsächlich von den Toten auferstanden bist und wenn du einen Plan hast für mein Leben, der besser ist als der meine, dann lade ich dich heute ein, komm in mein Leben."

Jesus Christus hat mein Gebet gehört, erhört und in meinem Herzen Wohnung genommen.

Das war die wichtigste Entscheidung meines Lebens. Und von diesem Tage an nahmen mein Leben, meine Familie und meine wirtschaftlichen Umstände einen neuen – positiven – Verlauf. Vieles, was seither in meinem Leben geschah und möglich wurde, verdanke ich dieser Entscheidung und meinem himmlischen Vater.

Seither bin ich ein freier evangelikaler Christ, ein freier Mensch, nicht mehr Mitglied einer religiösen Organisation, sondern begnadigt. Denn: „Wen der Sohn frei macht, der ist wirklich frei!“ (Joh. 8, 36; Römer 7, 6)

Und nach 30 Jahren kann ich immer noch sagen: Es war die beste Entscheidung meines Lebens.

Karl Pilsl

45 Jahre Pionier, Visionär und Unternehmer

stellt dir

125 Fragen

auf dem Weg in deine erVOLLgREICHe Selbstständigkeit

Bin ich geeignet für die Selbstständigkeit?

125 Fragen – und Antworten –
die du dir stellen solltest, wenn du ein
ervollgreicher Unternehmer
sein möchtest.

Deine Zukunft

beginnt mit dem,

was du heute

in deinen Händen hast.

Modul 1:
Zu meiner Person – meine Ausgangsbasis

1. Warum möchte ich mich gerne selbstständig machen?

Deine Entscheidung dich selbstständig zu machen ist grundsätzlich eine sehr positive.

Ich ermutige jeden Menschen, der solche Gedanken hegt, seinem Herzen wirklich zu folgen und es auch zu tun. Es ist ein Zeichen dafür, dass du bereit bist, für dein Leben selbst Verantwortung zu übernehmen und auch bereit bist, zu lernen mit Risiko richtig umzugehen.

Sei mutig und „go for it."

Aber frag dich natürlich auch, WARUM du dich selbstständig machen möchtest.

Was erwartest du von deiner Selbstständigkeit?

Sind deine Erwartungen auch realistisch?

Ist dein WARUM eher egoistisch oder hast du einfach das Bedürfnis, anderen Menschen mit deinen Talenten und Fähigkeiten zu helfen ihre Probleme zu lösen?

Es ist sehr wichtig, dass du deine wahren Gründe, deine Motivation, deine wahren Bedürfnisse für diese Entscheidung, wirtschaftlich selbstständig zu sein, kennst.

Es ist ein wichtiger Teil des Prozesses auf dem Weg in die Selbstständigkeit.

Je stärker dein – nicht egoistisches – WARUM ist, umso schneller wirst du vorwärtskommen, umso größer ist deine Attraktivität bei deiner Zielgruppe und umso schneller entwickelt sich deine Anziehungskraft auf andere Menschen. Mit allen positiven Folgewirkungen.

Hast du wirklich das Bedürfnis, den Plan Gottes für dein Leben zum Nutzen anderer Menschen zu finden, zu leben und umzusetzen, dann hast du auch einen starken – allmächtigen – Helfer an deiner Seite. Gott selbst.

2. Ist meine Entscheidung zur Selbstständigkeit eine aktive Handlung oder eine Reaktion auf Umstände?

Was hat dich im Innersten bewegt an dem Tag, als der Gedanke kam, dich selbstständig zu machen? Warst du wütend auf deinen Chef? Oder haben dich deine Kollegen geärgert, oder bist du einfach unzufrieden mit dem, was die Firma für dich tut?

Solche Gedanken und Gefühle sind natürlich manchmal berechtigt, aber für eine so wichtige Entscheidung wie „selbstständiger Unternehmer" zu werden, die falschen Beweggründe.

Schon im Kindergarten wurden wir gelehrt, dass wir eine falsche Handlung eines anderen nicht mit einer eigenen falschen Handlung richtigstellen können. Zweimal falsch macht nicht einmal richtig. Diese Rechnung funktioniert nicht.

Vergiss nicht, du triffst gerade eine der wichtigsten Entscheidungen in deinem Leben. Du begibst dich vielleicht sogar auf den richtigen Weg damit, aber aus dem falschen Grund.

Es ist jedoch auch nachgewiesen, dass weit mehr als die Hälfte aller Entscheidungen für die Selbstständigkeit aus Umständen heraus getroffen werden, die gerade nicht die positivsten waren. Wenn nämlich jemand mit den bestehenden Umständen bzw. Situationen wirklich zufrieden ist, denkt er ja normalerweise gar nicht daran etwas zu verändern.

Daher ist es schon berechtigt, aus negativen Umständen bzw. Erlebnissen heraus Gedanken an die Selbstständigkeit zu verstärken. Die Gefahr ist jedoch dann gegeben, wenn es sich um ein einzelnes negatives Ereignis handelt – etwas, was gerade passierte – und du aus Ärger und momentanen Jähzorn **RE**agierst.

Wie bereits gesagt: Es ist etwas sehr Positives über das Selbstständigmachen nachzudenken, aber du soll auch nicht aus momentanem Ärger heraus eine radikale Entscheidung treffen.

Vielleicht ist ein Start auf nebenberuflicher Basis das Richtige, um dann immer stärker in die Unabhängigkeit hineinzuwachsen. Du kannst auch in der Freizeit sehr viel bewegen, an den Herausforderungen wachsen, um dann eines Tages den entscheidenden Schritt bei „kühlem Kopf" zu tun.

Zu einem nebenberuflichen Beginn würde ich dich auch in negativen Situationen jederzeit ermutigen.

Wenn es uns gelingt,

die hohe Technik, Qualität und

Perfektion der Deutschen mit

der Kreativität, Einfachheit,

Freundlichkeit und Leadership-

Philosophie der Amerikaner

in der richtigen Weise zu verbinden,

dann sind wir Deutschen

am Weltmarkt unschlagbar.

3. Habe ich Angst davor zu scheitern oder fürchte ich mich vor dem Erfolg?

Grundsätzlich kann man sagen, dass keiner von uns es liebt, zu versagen. Schon in der Schule und beim Sport wollten wir immer gewinnen und zwischen 8 und 17 Uhr an der Arbeitsstelle möchten wir natürlich immer als ein Siegertyp betrachtet werden.

Natürlich besteht die Gefahr, dass ein Geschäft nicht funktioniert oder eine Geschäfts-Idee nicht wirklich er*voll*greich wird. Aber keiner rechnet damit, dass es schiefgeht. Jeder Unternehmer ist überzeugt davon, dass er gewinnt – sonst würde er es nicht tun. Der Unternehmer weiß natürlich, dass es Hindernisse auf dem Weg geben wird, aber er lässt keinen Zweifel aufkommen, dass er diese Hindernisse auch er*voll*greich überwinden kann.

Mit der Möglichkeit eines Misserfolges zu rechnen, gehört zum er*voll*greichen Unternehmertum dazu. Aber wenn sich einer von vornherein fürchtet vor dem Misserfolg, dann ist das keine gute Ausgangsbasis.

Es gibt sogar Menschen, die sich vor dem „Er*voll*greich sein" fürchten. Das würde den Er*voll*g tatsächlich von vornherein verhindern.

Du sollst jedoch damit rechnen, dass du auf dem Weg Fehler machst. Betrachte diese aber nicht als Misserfolg, sondern als „Ausbildungs-Module" und lerne aus jedem Fehler. Mach aus Stolpersteinen – die dir meist andere Menschen in den Weg legen – immer wieder neue Sprungbretter.

Und lass auch nicht zu, zu glauben, dass alles, was andere Menschen Fehler nennen, wirklich welche sind oder waren. Manches offenbart sich viel später als wichtiger Baustein für den ultimativen Er*voll*g.

Wir leben in der chancenreichsten Zeit aller Zeiten, weil wir in einer Zeit leben mit den meisten ungelösten Problemen, und diese warten auf den Problemlöser – auf dich.

4. Betrachte ich mich selbst als sturen Menschen oder bin ich anpassungsfähig, wenn Veränderung notwendig ist?

Kindern wird oft gesagt, dass Sturheit keine gute Tugend ist. Ein starrköpfiges Kind wird sehr häufig als ein schwieriges Kind bezeichnet. Aber eigentlich sollte man in einem solchen Kind einen zukünftigen Unternehmer, Pionier sehen.

Natürlich – auch bei uns Erwachsenen – ist Sturheit nicht immer eine gute Eigenschaft. Insbesondere dann nicht, wenn diese Sturheit die Folge von Ärger, Rache oder einfach Böswilligkeit ist. Jemand anderen aus falschen Motiven heraus zu behindern – mit Sturheit – ist sicherlich weder hilfreich noch gesund.

Sturheit oder Konsequenz, die aus einer klaren Entscheidung für ein Projekt oder eine Sache oder aus einer Prinzipientreue kommt, führt in der Regel zu weiterer Entwicklung, Verbesserung und ist eine wertvolle Tugend, wenn es darum geht, positive Veränderungen einzuleiten.

Der wahre Unternehmer betrachtet sich selbst sicherlich nicht als stur. Er bezeichnet sich eher als ein überzeugter Glaubender. Aber egal wie man es nennt, es kommt manchmal als stur rüber, weil er einfach seine Vision oder sein Projekt, seinen Traum bzw. seine Berufung beschützen will.

Für den Unternehmer ist gut gemeinte Sturheit eine hohe Tugend. Ein Katalyst für Veränderung. Seine sogenannte Sturheit wird er aber dann zurückstellen, wenn er wirklich erkannt hat, dass eine Veränderung notwendig ist, ein neuer Weg gesucht werden muss bzw. man sich an veränderte Bedingungen anzupassen hat.

Aber grundsätzlich ist die Art des Unternehmers NEIN zu Kompromissen zu sagen, der Beginn zu einem neuen Weg auf einer höheren, besseren Ebene.

5. Habe ich Stehvermögen?

Es ist keine Überraschung, dass er*voll*greiche Sportler auch oft er*voll*greiche Unternehmer werden. Für einen guten Sportler ist Stehvermögen eine ganz normale Sache. Er übt solange, bis der Schlag, der Lauf oder der Sprung funktioniert und er bleibt dabei, egal welche Hindernisse auftreten.

Wenn du dich öfters dabei ertappst, entmutigt zu sein, frustriert und kampfesmüde, auch wenn du weißt, dass dein Weg der richtige ist, dann braucht dein Stehvermögen „Verstärkung".

Aber wenn du bereits zu jenen gehörst, die dran bleiben, egal was passiert oder wer dich hindern möchte, dann ist das eine sehr gute Grundvoraussetzung für einen er*voll*greichen Unternehmer.

Manchmal bedeutet Stehvermögen einfach nur härter zu arbeiten, sich stärker zu konzentrieren oder ganz einfach einen Weg herausfinden, wie man leichter ans Ziel kommt.

Egal was es ist: Es bedeutet die Fähigkeit und die Hartnäckigkeit zu besitzen, NICHT aufzugeben bzw. einer Versuchung zur Verzettelung oder für unsinnige Shortcuts (Abkürzungen) nicht anheimzufallen.

Es gibt natürlich keine Garantie dafür, dass du es jedes Mal schaffen wirst, aber wenn es dir an Stehvermögen mangelt, dann sind die Chancen er*voll*greich zu sein wesentlich geringer.

Daher solltest du Stehvermögen als einen besonderen Aktivposten in deiner persönlichen Bilanz betrachten und auch entsprechend trainieren. Es kann eines Tages sehr leicht den Unterschied ausmachen zwischen Er*voll*g und Misserfolg als Unternehmer.

6. Würde ich mich selbst als zuversichtlich einstufen bzw. habe ich das für eine Selbstständigkeit notwendige Gottvertrauen?

Der Unternehmer braucht auf alle Fälle ein bestimmtes Maß an Selbstsicherheit, persönlicher Zuversicht – und zwar in sich selbst, in seine Pläne, seine Kunden usw. Und auch das nötige Gottvertrauen.

Ganz wichtig ist: Diese Selbstsicherheit etc. muss echt sein. Nicht aufgesetzt. Es muss aus deinem Innersten kommen, aus dem Bewusstsein, dass du das Beste tun wirst, was du tun kannst und dass dies auch ausreichend sein wird, um deine Ziele zu erreichen.

Wenn das nicht echt ist, dann spüren das die Menschen um dich herum schon von Weitem. Insbesondere alte Hasen im Geschäftsleben erkennen sofort, ob jemand diese innerste Sicherheit hat oder nicht.

Wenn du ein Sieger sein willst, musst du dich auch fühlen wie ein Sieger.

Deine persönliche Sicherheit kommt aus dem Innersten: Du weißt, dass du deine Hausaufgaben gemacht hast, in deinem Element bist, deine göttliche Berufung lebst und dass dein himmlischer Vater hinter dir steht, egal was passiert und egal welche Fehler du machst.

Das nennt man Gottvertrauen: Diese Gewissheit, dass der, der dich berufen und mit diesem Projekt beauftragt hat, ein größeres Interesse daran hat als du selbst, es auch siegreich zu realisieren. Und ER ist allmächtig. ER kann das – gemeinsam mit dir.

Auch dieses Gottvertrauen spüren die Menschen um dich herum und fühlen sich daher in deiner Gegenwart besonders sicher. Das bringt Attraktivität und damit Anziehungskraft auf Menschen.

Jeder möchte nämlich mit einem Sieger zusammen bzw. verbunden sein. Und alle Sieger haben eines gemeinsam: echte Selbstsicherheit. Das richtige Fundament dafür ist vor allem das Vertrauen in ihren besonderen göttlichen Auftrag und den Auftraggeber.

Wir haben in Deutschland
keine Wirtschaftskrise,
sondern wir leben in
revolutionären Zeiten.
Eine Zeit für Pioniere,
Visionäre und
unternehmerisch denkende
Menschen.

7. Bin ich neugierig, kreativ, leidenschaftlich und emotionell?

Neugier mag für eine Katze vielleicht sehr gefährlich sein, aber gesunde Neugier hält die Seele eines Unternehmers lebendig.

Ich hab noch nie einen wirklich er*voll*greichen Unternehmer gesehen, der nicht neugierig gewesen wäre.

Neugier ist auch einer der wichtigsten Treibstoffe für Jung-Unternehmer, die gerne schnell vorwärtskommen möchten.

Die Art der Neugier und vor allem die Neugier nach WAS sind natürlich sehr unterschiedlich von Persönlichkeit zu Persönlichkeit und auch von Branche zu Branche.

Kreativität ist das Nächste, was ein Unternehmer wirklich braucht. Wobei auch das von Branche zu Branche unterschiedliche Bedeutung haben kann.

Ein kreativer Unternehmer ist ständig dabei das, was er bereits tut, mit neuen Ideen zu verbessern, attraktiver zu machen, Beziehungen zu Mitarbeitern, Geschäftspartnern und Kunden zu bereichern. Es sind sehr oft die kreativen Kleinigkeiten, auf die es wirklich ankommt, die letztendlich den Unterschied in deiner Attraktivität etc. zu deinen Mitbewerbern machen.

Kreativität ist eine Verbindlichkeit deinem Unternehmen gegenüber, es immer frisch und lebendig zu halten.

Bist du leidenschaftlich unterwegs bezüglich deines Unternehmens? Menschen spüren diese Leidenschaft sofort und werden davon angesteckt. Leidenschaft bewegt die Menschen, macht er*voll*greich, ist kreativ und schafft die notwendige Zufriedenheit in deinem Herzen.

Auf der anderen Seite musst du dir die Frage stellen, ob du evtl. emotionell bist bzw. leicht zu emotionalisieren? Das wäre nicht gut. Wenn die Menschen um dich herum immer sofort spüren, dass du emotionell angegriffen bist und das evtl. sogar noch absichtlich den Menschen um dich herum spüren lässt, dann ist das keine gute Voraussetzung für er*voll*greiches Unternehmertum.

Er*voll*greiche Unternehmer haben ihre (negativen) Emotionen voll im Griff und wissen genau, wie man damit umgeht, wenn etwas passiert, was nicht positiv war. Sie lassen es jedenfalls nicht den Menschen um sich herum spüren, schon gar nicht jenen, die damit überhaupt nichts zu tun haben/hatten.

8. Betrachte ich mich selbst als einen objektiven Menschen?

Das ist jetzt die andere Seite von Emotion. So wie du deine Emotionen im Griff halten können musst, sollst du deine Fähigkeit rational zu denken und zu handeln entwickeln.

An der Börse sagt man: Der er*voll*greiche Aktienhändler verliebt sich nie in eine bestimmte Aktie. Wenn die Fakten sagen, dass Zeit ist zu verkaufen, dann verkauft er. Auch wenn er eine besondere Neigung für das betreffende Unternehmen hätte.

Da ein Unternehmer oft ja förmlich verliebt ist in seine Vision, seine Produkte, seine Dienstleistungen, ist manchmal die Gefahr besonders groß, dass die Emotionen die rationale Seite einer Sache in den Schatten stellen.

Manchmal muss man einfach etwas einstellen bzw. aufgeben, was man zwar lieb gewonnen hat, aber nicht funktioniert. Eine Idee fallen lassen, obwohl man sich förmlich in sie verrannt hat.

Es heißt ja: Eine große Persönlichkeit ist jemand, der von einem falschen Weg wieder umkehrt, obwohl er ihn schon sehr weit gegangen ist.

Objektivität bedeutet aber nicht nur rational sein, sondern auch fair, vernünftig, rücksichtsvoll – eben objektiv, egal was passiert ist und wen es betrifft.

Er muss in der Lage sein, ruhig und überlegt zu handeln. Er gießt kein Öl ins Feuer, wenn es wo ohnehin schon brennt und eigentlich gelöscht werden sollte.

Als Unternehmer und besonders als Leader stehst du im Zentrum des emotionalen Sturms und musst oft – ohne Vorurteile oder persönliche Neigungen zu pflegen – klare Entscheidungen treffen, um den Sturm zu beenden.

In diesen Situationen sind folgende Stärken deine geheimen Waffen: Fairness. Vernunft. Rücksicht. Das Gemeinsame über das Trennende stellen. Sich unter der gemeinsamen Vision wieder zu versammeln und vorwärtsgehen.

Außergewöhnliche

Menschen gehen nicht

einfach zur Arbeit.

Sie haben eine MISSION!

9. Fühle ich mich gut bei dem Gedanken für mich selbst zu arbeiten?

Wie wir bereits wissen, bedarf es für eine Entscheidung sich selbstständig zu machen wirklich viel Selbstbewusstsein, Selbstsicherheit, Mut und Risikobereitschaft.

Und wenn du darüber nachdenkst, dich selbstständig zu machen, das heißt ja für dich selbst zu arbeiten (nicht für einen anderen Chef), dann nimm dir ein paar Minuten Zeit und beschäftige dich mit dem wichtigsten Bestandteil deines neuen Unternehmens: mit dir selbst.

Was denkst du über deinen zukünftigen Chef?

Liebst du ihn wirklich?

Vertraust du ihm wirklich?

Lebst du gerne in seiner Haut?

Wie verhält er sich in einer Krise - wenn er sich nicht verstecken kann?

Macht er dich glücklich oder traurig?

Wie fühlt es sich an, für einen Typen wie ihn arbeiten zu müssen?

Dies mag zwar so klingen, als wenn das nur „künstliche“ rhetorische Fragen wären, aber sie sind wirklich wichtig. Entscheidend wichtig.

Denn wenn du wirklich für dich selbst arbeiten möchtest, dann musst du auch diesen Menschen, für den du da arbeitest, lieben, mögen, vertrauen - dich bzw. dir selbst.

Du musst dich mit dir selbst wirklich gut verstehen. Tust du das? Wenn noch nicht, dann beginne an dir und deiner Persönlichkeit zu arbeiten und vielleicht darüber nachzudenken, ob du vorerst mal nur nebenberuflich in die Selbstständigkeit wechselst.

10. Habe ich Angst davor, Risiko zu tragen? Wie groß ist mein Sicherheitsbedürfnis?

Millionen von Menschen gehen durchs Leben und schauen, dass sie immer auf der sicheren Seite sind. Sie gehen keinerlei Risiken ein. Sie schaffen sich eine Bequemlichkeitszone – für sich selbst – und verlassen diese ganz, ganz selten. Sie überschreiten die Grenzen nicht.

Das sind normalerweise nicht jene Menschen, die eine Entscheidung für die Selbstständigkeit treffen.

Natürlich bedeutet Unternehmertum in keiner Weise sich wie ein wilder rücksichtsloser Teufel zu benehmen. Ganz und gar nicht. Aber ein Unternehmer ist immer bereit Dinge zu tun, die er bisher nicht getan hat, weil er weiß, dass es nur Dinge erleben kann, die er bisher nicht erlebt hat, wenn er Dinge tut, die er bisher nicht getan hat. Er ist bereit auch mal die vorgegebenen Grenzen zu überschreiten.

Es heißt ja nicht umsonst: Wenn du nicht bereit bist zu weit zu gehen, wirst du nie herausfinden, wie weit man wirklich gehen kann.

Ein Unternehmer ist risikobereit. Punkt. Ein Unternehmer muss jede Woche Hunderte Entscheidungen treffen, manche von ihnen sind relativ riskant. Aber er trifft sie.

Es ist daher wichtig zu lernen, mit Risiko richtig umzugehen. Das macht das Leben interessant und viele Dinge möglich, die vorher noch als unmöglich bezeichnet wurden.

Aber auch die Familie sollte ein bestimmtes Maß an Risikobereitschaft mittragen.

Risikobereitschaft hat nichts zu tun mit „Kasinospielchen“. Du wirst als Unternehmer nicht wirklich er*voll*greich werden können, wenn du den Unterschied nicht erkennst zwischen Risiko und „gambling“ (zocken).

11. Womit haben sich meine Eltern – Vater und Mutter – ihr Geld verdient?

War dein Vater ein Postbote, ein Rechtsanwalt oder ein Verkäufer? War er ein Arbeiter, Lehrer oder ein unabhängiger Geschäftsmann?

Es ist ja nicht neu zu wissen, dass das Umfeld, in dem jemand aufwächst, ihn schon frühzeitig prägt bzw. formt. Man erkennt oft schon in einem Kind, ob es ein künftiger Geschäftsmann werden wird oder nicht – und zwar in der Art und Weise, wie es kämpft um einen weiteren Euro Taschengeld.

Wenn du in einem Haushalt aufgewachsen bist, wo der Geldverdiener ein Sicherheitsbeamter war, darfst du dich nicht wundern, wenn Risikofreudigkeit nicht besonders ausgeprägt ist.

Wenn du in einem Haushalt aufgewachsen bist, wo der Geldverdiener ein Polizist war, darfst du dich nicht wundern, wenn Fehlersuche statt Chancen erkennen zum „Tagesgeschäft" gehört.

Die Wahrscheinlichkeit, dass aus jemandem ein Unternehmer wird, ist natürlich viel höher in Familien, wo der Geldverdiener selbst ein Unternehmer ist oder war und gelernt hat, dass Risiko ein normaler Lifestyle ist und unternehmerisches Denken und Handeln die ganze Familie prägt.

Wenn dein Vater oder deine Mutter jedoch ein kleines Geschäft hatte und man jeden Monat wirklich um jeden Cent kämpfen musste, um wieder über die Runden zu kommen, ist die Möglichkeit auch gegeben, dass die Kinder sagen: „Diesen Lifestyle wollen wir nicht, daher suchen wir uns lieber einen ‚sicheren Posten' in einer passenden Bequemlichkeitszone."

Was du zu Hause erlebt hast, ist wahrscheinlich in deinem Unterbewusstsein ein wesentlicher Antrieb für das, was du mit deinem Leben machen möchtest. Es heißt ja nicht umsonst: Weitergeben kannst du, was du weißt, aber reproduzieren tust du immer nur, was du bist.

12. Habe ich einen hohen Energielevel – bin ich körperlich fit?

Eines steht fest: Gute Gesundheit ist ein Muss, wenn du dich als Unternehmer selbstständig machen möchtest.

Sei dir dessen bewusst: Geschäftsleute haben normalerweise keine geregelte Arbeitszeit. Geschäftsleute haben oft auch keine geregelten Essenszeiten. Ein unregelmäßiges Leben ist für Geschäftsleute der Normalfall, auch wenn man sich anderes vornimmt.

Es ist aber auch so, dass nicht jeder gesunde Mensch auch gleichzeitig einen hohen Energielevel hat. Und Energie braucht ein Unternehmer im Überfluss.

Du weißt ja: „Hochleistungssportler" sind immer im ON-Modus (eingeschaltet). Egal, ob auf der Bühne oder hinter der Bühne. Sie geben sich ihrer Sache total hin.

Du musst gut drauf sein, auch wenn es einen Mangel an Kunden gibt. Sonst sind deine Mitarbeiter sehr schnell down.

Du musst gut drauf sein, wenn dein Banker anruft und dir sagt: „Diesmal keine Kontoüberziehung."

Und solche Beispiele gäbe es viele. Du musst einfach gut drauf sein, was immer auch passiert, denn du bist das Vorbild für deine Mitarbeiter, deine freiberuflichen Geschäftspartner usw.

Und das verlangt oft täglich einen wirklichen, hohen Energielevel. Manche Leute haben den aufgrund ihrer Persönlichkeit, andere aber müssen regelmäßig trainieren, um wirklich fit zu bleiben.

Körperliche, mentale und geistige Fitness sind eine Grundvoraussetzung für einen er*voll*greichen Unternehmer.

13. Habe ich die Fähigkeit meine Batterien immer wieder selbst aufzuladen?

Jeder Sportler weiß, dass er seine Batterien immer wieder aufladen muss und wie er seine Batterien immer wieder aufladen kann.

Es gibt 4 Arten von Menschen:

Solche, die sowohl eine volle Batterie haben und auch ein eigenes Ladegerät. Das sind die wahren Unternehmer.

Solche, die eine volle Batterie haben, aber kein eigenes Ladegerät. Die brauchen immer wieder den Motivator von außen, um den nächsten Schritt zu gehen.

Solche, die eine leere Batterie haben, aber ein eigenes Ladegerät. Diese Menschen brauchen nur einmal dein Starterkabel (Starthilfe), aber dann gehören sie wieder zur ersten Gruppe.

Solche, die eine leere Batterie haben und auch kein eigenes Ladegerät. Diesen Menschen würde ich raten, nicht in die Selbstständigkeit zu gehen.

Wie kann man sich wieder aufladen?

Meine Erfahrung ist: sich am besten mit der universellen Energiequelle (Gott) permanent – oder zumindest regelmäßig – online zu verbinden.

Zurückziehen, meditieren, beten, Gespräche mit Gott führen, Bibellesen, visionieren, sich mit seiner göttlichen Bestimmung beschäftigen usw. Das sind die Dinge, die mir in meiner jahrzehntelangen Laufbahn als Unternehmer sehr geholfen haben.

Es ist sehr wichtig, dass du als Unternehmer nicht nur gibst, sondern auch wirklich regelmäßig in dich selbst investierst. Immer wieder sich Input holen aus einer Quelle, die deine Vision von Neuem anfacht. Das bringt Power.

Wenn du möchtest, dass
dein Unternehmen wächst,
musst du Aufgabe und
Verantwortung delegieren.

14. Habe ich ein starkes Selbstvertrauen?

Als Unternehmer ist es erforderlich, vielen verschiedenen Menschen zu vertrauen, vom Buchhalter angefangen bis hin zur Reinigungsfrau.

Nur wenn du Vertrauen säst, wirst du Vertrauen ernten können.

Du wirst aber nicht in der Lage sein, anderen zu vertrauen, wenn du zu dir selbst kein uneingeschränktes Vertrauen hast. Was du nicht hast, kannst du nicht geben. Das ist einmal so.

Daher stelle Folgendes sicher:

- Vertraue deiner Fähigkeit, gute Entscheidungen zu treffen.
- Vertraue auf deine Kreativität, deine Verbindlichkeit und deinen Mut.
- Und das Wichtigste: Vertraue auch auf deinen Instinkt, deinen Geist, dein Bauchgefühl, wenn du so möchtest.

Du musst dir selbst vertrauen, bevor du anderen Vertrauen entgegenbringen kannst. Und es ist existenziell wichtig, dass du als Geschäftsmann anderen Menschen Vertrauen entgegenbringst.

Viele Unternehmer versagen, weil sie nicht delegieren. Der Hauptgrund dafür ist, weil einer nicht genügend Vertrauen dazu hat, dass seine Mitarbeiter die Dinge wirklich gut – evtl. sogar besser als er selbst – können. Oder weil er misstrauisch ist und befürchtet, es könnte jemand seine eigenen Interessen über die Interessen des Unternehmens stellen.

Ein Geschäft kann nie wachsen, wenn sich alles um die Gegenwart eines einzigen Menschen dreht – dem Chef.

Ein misstrauischer Chef wird immer Misstrauen ernten. Weil er Misstrauen aussät. Was der Mensch sät, wird er auch ernten.

Für die Vision eines Unternehmens ist ein Mensch verantwortlich. Für das Tagesgeschäft bedarf es aber eine Reihe von Menschen, denen Aufgaben und Verantwortung delegiert werden. Dazu bedarf es Vertrauen.

Die Formel lautet: Aufgabe + Verantwortung = persönliches Wachstum.

Wenn du möchtest, dass dein Unternehmen wächst, musst du Aufgabe und Verantwortung delegieren.

15. Habe ich Angst vor dem Finanzamt, vor Rechtsanwälten, vor Steuerberatern oder vor Bankern?

Es gibt viele Menschen, die Angst vor dem Finanzamt haben. Aber warum? Wenn ich meine Buchhaltung richtig führe, meine Steuerbilanzen und Berichte rechtzeitig einreiche und meine Steuern bezahle, brauche ich doch keine Angst zu haben. Dort sind auch nur Menschen, die ihren Job so gut wie möglich tun möchten. Hilf ihnen dabei.

Es gibt aber auch viele Menschen, die Angst vor Rechtsanwälten haben. Aber warum? Ja, es gibt natürlich Anwälte, die freuen sich darüber, dass du Angst vor ihnen hast. Aber das ist völlig unbegründet. Rechtsanwalt ist auch nur ein Job wie jeder andere auch. Die Anwälte sind vielleicht auf ihrem Gebiet gut, du bist auf deinem Gebiet gut. Na und?

Es gibt Menschen, die haben sogar Angst vor Steuerberatern. Aber warum? Nur weil sie sich auf einem Gebiet wirklich auskennen und du nicht? Ja, die meisten von uns sind abhängig von ihrem Steuerberater und davon, ob er seine Arbeit auch wirklich gut macht oder nicht. Ja, es gibt viele Zahlen und viele Formulare. Aber du sollst dich davon in keiner Weise einschüchtern lassen. Sei dankbar für deinen Steuerberater – er macht dir das Leben wirklich einfach.

Es gibt aber auch Menschen, die haben Angst vor einem Banker. Aber warum? Er ist doch nur ein Geldhändler. Deine Zukunft ist in keiner Weise von ihm abhängig. Deine Geldquelle soll ja nicht der Banker sein, sondern deine Kunden. Deine Kunden sind die einzige Gruppe von Menschen, die Geld bringen, das du nie zurückzahlen musst. Daher konzentriere dich auf sie und nicht auf den Banker – und du wirst sehr bald registrieren, dass du den Banker gar nicht mehr brauchst. Er braucht vielleicht dich als guten Kunden, oder?

Hab keine Angst vor Menschen, auch nicht vor diesen „Respektberufen". Lebe deine Berufung, konzentriere dich auf deine Stärken und stell dir täglich die Frage: „Was haben andere Menschen davon, dass es MICH gibt?"

Geld ist ein wichtiger Grund, aber wenn dies dein einziger Grund ist, dann solltest du dringend umdenken.

16. Kann ich auch ohne Sicherheit eines „sicheren Einkommens“ leben?

Für die meisten Menschen ist ein sicherer Arbeitsplatz gleichbedeutend mit sicherem Einkommen. Wenn wir unsere Arbeit gut machen und die Firma zahlungsfähig ist, dann kommt die Gehaltsüberweisung eben pünktlich und verlässlich wie vereinbart.

Es ist aber für die meisten Menschen der Hauptgrund, sich nicht selbstständig zu machen, weil sie sich ein Leben ohne sicheres Einkommen schwer vorstellen können. Alleine der Gedanke daran, dass am 1. des Monats die Überweisung nicht am Konto ist, setzt viele schon in Angst und Schrecken.

Denk mal drüber nach: Vielleicht ist dein sicheres Gehalt jeden Monatsersten dein größter Feind? Könnte das sein? Weil es dich davon abhält ein viel interessanteres und besseres Leben leben zu können?

Was ist in der heutigen Zeit riskanter? Ist es riskanter Unternehmer zu sein oder ist es riskanter Angestellter zu sein?

Angestelltentum ist viel riskanter als Unternehmertum. Als Angestellter weißt du nie, wann der Postbote kommt und dir einen Brief bringt mit dem Inhalt: Kündigung. Und innerhalb von zwei bis drei Monaten bist du ohne Einkommen – genannt arbeitslos.

Das Schlimmste, was einem Unternehmer passieren kann, ist Konkurs zu machen. Ich habe das erlebt. Aber wenn jemand wirklich Unternehmer ist und Unternehmerblut in seinen Adern fließt, dann wird er immer Unternehmer bleiben und gleich wieder sein eigenes Unternehmen gründen. Das heißt, er schafft sich immer selbst seinen eigenen Arbeitsplatz – und vielleicht noch ein paar mehrere dazu.

Die Sicherheit eines Unternehmers ist abhängig von seiner persönlichen Sicherheit als Problemlöser. Er arbeitet an sich, seiner Persönlichkeit und seiner Problemlösungsfähigkeit und wird immer mehr in seine wirtschaftliche Unabhängigkeit hineinwachsen.

17. Was bedeutet mir Geld wirklich?

Manche Unternehmer meinen, dass Geldverdienen das Wichtigste im Unternehmertum sei. Das sei der Maßstab für den Erfolg eines Unternehmens.

Diese Meinung kann ich nicht teilen und ist insbesondere für Unternehmensgründer ein gefährlicher Denkansatz.

Die wirklich er*voll*greichen Unternehmer werden dir sagen, dass wenn du dich wirklich nur des Geldverdienens wegen selbstständig machst, deine Chancen gering sind, ein wirklich er*voll*greicher Unternehmer zu werden.

Geld ist ein wichtiger Grund, aber wenn dies dein einziger Grund ist, dann solltest du dringend umdenken.

Die meisten er*voll*greichen Unternehmer werden dir sagen, dass der Grund für ihr Selbstständigmachen darin lag, dass sie mit ihrer Idee, ihrer Dienstleistung, ihren Produkten usw. einen wirklichen Mehrwert für eine bestimmte Zielgruppe bringen könnten. Nutzen stiften, Erlebnisse schaffen, Probleme lösen – das sind die wirklich wichtigsten Motivationen für er*voll*greiche Firmengründer.

Wenn sie sich dann auch wirklich darauf konzentrieren, dann ist auch ihr neues Geschäft gesegnet.

Die er*voll*greichen Unternehmen spannen nie den Wagen vor das Pferd. Sie wissen, dass das Pferd (der Unternehmer, seine Power und Zuversicht) vor dem Wagen (Profite) kommen muss. Die Profite sind die Folgewirkung von Power und Zuversicht.

Und wenn alles gut läuft, dann wird der Wagen bald überfließen. Aber das ist nur möglich, wenn sich der Unternehmer auf das Pferd konzentriert und nicht auf den Wagen.

18. Könnte ich auch mal ohne Geld leben, wenn es sein müsste?

Jeder künftige Unternehmer muss für eine unsichere Zukunft innerlich vorbereitet sein. Die einzige Sicherheit: Es wird Herausforderungen und Überraschungen geben. Eine dieser Überraschungen könnte sein, dass mal das Geld nicht rein kommt, das du erwartet hast.

Es ist eine Sache, ohne regelmäßiges Einkommen vorübergehend überleben zu können. Es ist aber eine andere Sache, ohne Geld leben zu können.

Es ist daher für einen Jung-Unternehmer sehr vorteilhaft, wenn er rechtzeitig lernt, seinen Lifestyle so kostengünstig wie möglich zu gestalten. Wer sich selbstständig macht, weil er einen aufwendigen Lifestyle leben möchte, der könnte bald ein böses Erwachen erleben.

Jeder er*voll*greiche Unternehmer weiß, dass es sehr wichtig ist, die Kosten so niedrig wie möglich zu halten – insbesondere auch die privaten Ausgaben. Wenn du deine Kosten nicht im Griff hast, dann kann eine Fehlentscheidung schon ausreichen und dein Unternehmen ist bankrott. Wenn du aber deine Kosten im Griff hast, dann kannst du mehrere Fehler machen und es gibt dein Unternehmen immer noch.

Was deine privaten, persönlichen Ausgaben betrifft, möchte ich dir Folgendes gerne mitgeben auf den Weg:

Erfülle dir deine Wünsche erst dann, wenn du deine Ziele erreicht hast und sie daher auch möglichst ohne Fremdkapital realisierbar sind. Verwechsle nicht einen Traum mit einem Wunsch. Träume werden gelebt zum Vorteil anderer Menschen. Wünsche kann man sich erfüllen, wenn die Portokasse stimmt. Ein Haus am Meer ist zwar etwas sehr Schönes, aber kein Traum, sondern ein Wunsch. Kaufe das Haus am Meer erst dann, wenn du es auch möglichst ohne Finanzierung bezahlen kannst.

19. Kann ich mich schriftlich entsprechend ausdrücken, also Briefe schreiben?

Erinnere dich daran, wie wichtig es in der Schule schon war, einen schönen Aufsatz, einen Bericht oder eine Sachverhaltsdarstellung schreiben zu können. Sodass auch jeder versteht, worum es geht.

Ich hoffe, das hat dir keinerlei Probleme gemacht.

Als selbstständiger Unternehmer fühlst du dich manchmal wie ein professioneller Schreiber. Mehr Menschen als du meinst möchten von dir gewisse Dinge schriftlich haben. Drücke dich klar und verständlich aus. Du musst deine Botschaft rüberbringen, und zwar in einer effektiven und verständlichen Sprache.

Geschäftliche Schriftsätze kann man evtl. vergleichen mit dem Formulieren einer Headline. Denke an die besten Headlines, die du jemals gelesen hast. Sie kommunizieren die Essenz der Botschaft in wenigen Worten. Mit Power, einfach und direkt. Nicht um den Brei herum formulieren.

Sei stark, direkt, einfach und unkompliziert dabei. Schreib so, wie du auch sprechen würdest. Direkt auf den Punkt gebracht. Du brauchst keinen Preis in Grammatik gewinnen, sondern eine Botschaft kommunizieren.

Wenn du gut schreiben und formulieren kannst, hast du bereits einen ersten großen Schritt gemacht in Richtung Er*voll*g.

Mein Vater sagte schon immer: „Wer schreibt, der bleibt." Lerne schreiben, schnell schreiben und alles, was du schriftlich – besonders via E-Mail – kommuniziert hast, schaltet von vornherein schon viele spätere Missverständnisse aus. Und damit viele unnötige Diskussionen und Streitigkeiten.

20. Steht meine Familie hinter meiner Entscheidung mich selbstständig zu machen?

Wir haben schon viel darüber gesprochen, ob du als Unternehmer die Risikobereitschaft besitzt, die für eine Selbstständigkeit notwendig ist. Wir haben aber noch nicht darüber gesprochen, wie deine Familie (Partner, Kinder, ...) darüber denkt.

Diese Frage ist aber sehr wichtig und möglicherweise auch sehr ermutigend.

Jeder Mensch lebt von seiner eigenen Energie und der Energie seiner Familie. Ohne der Liebe, der Unterstützung und der Verbindlichkeit der Familie wird der Unternehmer eine einsame Reise machen müssen – und das ist dann oft nicht so einfach.

Die Familie braucht Sicherheit bis zu einem gewissen Grad. Diese Sicherheit kommt aus einer ausreichenden, umfassenden Information über das, was du vorhast, und vor allem auch aus der Tatsache, ob die anderen Familienmitglieder dein Herz für die Sache wirklich empfinden können.

Wenn dein Herz in der Sache ist und nicht nur dein Hirn oder deine egoistischen Überlegungen, dann spüren die anderen, dass du auch die Power hast, das durchzuziehen.

Die Gründung eines neuen Unternehmens bringt immer gewisse Veränderungen für die Familie mit sich, sowohl wirtschaftliche, soziale und möglicherweise auch geografische Veränderungen.

Ist deine Familie bereit diese Veränderung in Kauf zu nehmen? Wenn du dir hier nicht sicher bist, dann ist ein höherer, geduldiger Informationsaufwand gefragt. Nimm deine Familie mit auf den Weg durch ausführliche Gespräche, ermutigende Information, geduldig Fragen beantworten usw.

All business

is people business.

Es geht immer

um Menschen.

Hoffnungen und Ängste ansprechen, die guten Nachrichten und die weniger guten Nachrichten kommunizieren. Du solltest realistische Erwartungen hervorrufen und Abstand nehmen von unrealistischen „Reichrechnereien".

Der Unternehmer braucht seine Familie an seiner Seite. Ein weiser Ehepartner wird dem „Jung-Unternehmer" immer wieder seine Unterstützung zusprechen, auch wenn er es nicht immer ganz versteht, worum es geht.

21. Wenn ich dann selbstständig bin: Glaube ich, dass ich dabei/damit auch gut schlafen kann?

Ich meine das nicht wortwörtlich, obwohl schlaflose Nächte wahrscheinlich ein Indikator dafür sind, dass du einer Sache nicht wirklich gewachsen bist.

Wir sprechen aber hier in erster Linie von diesem inneren Frieden, der daher kommt, dass du im Herzen weißt, dass die Selbstständigkeit die richtige Entscheidung ist oder war.

Wenn du wirklich den Weg der göttlichen Berufung gehst mit der richtigen Motivation und der nötigen inneren und äußeren Vorbereitung und dem richtigen Timing, dann wirst du im Herzen diesen Frieden spüren – und die Menschen um dich herum auch.

Wenn dieser Friede noch nicht vorhanden ist, dann wäre es zu überlegen, ob nicht als erster Schritt eine nebenberufliche Selbstständigkeit das Richtigere wäre. Eventuell sogar auf einem anderen Gebiet, wo du die Gelegenheit hast, dich als Menschenspezialist® weiterzuentwickeln.

Das ist auf alle Fälle eine sehr gute Vorbereitung für jede Art von Geschäft, das du einmal gründen möchtest. Man sagt ja auch: All business is people business. Es geht immer um Menschen.

Die meisten er*voll*greichen Unternehmer berichten: „Ich habe noch nie in meinem Leben mehr Arbeit gehabt, aber auch noch nie in meinem Leben besser geschlafen." Ich glaube, dass es der Schlaf der Gerechten ist, den du erlebst, wenn du das tust, wofür du von Gott berufen bist. Du tust das Richtige und versuchst es von Tag zu Tag immer besser zu tun.

22. Gibt es in meinem Leben Menschen, denen ich etwas beweisen möchte?

Darf ich dir eine Frage stellen? Willst du dich selbstständig machen, weil du jemand etwas beweisen möchtest, oder willst du dich selbstständig machen, weil du anderen Menschen mit deinen Talenten und Fähigkeiten ihre Probleme lösen möchtest?

Stellst du dir die Frage: Wie kann ich anderen Menschen, meinen Feinden, meiner Verwandtschaft, meinen Eltern oder Freunden beweisen, dass ich tüchtig bin?

Oder stellst du dir die Frage: Was haben andere Menschen davon, dass es mich gibt?

Wenn du zur Selbstständigkeit antrittst, um anderen Menschen etwas zu beweisen, dann kann ich dir heute schon sagen, dass dein Weg mit vielen Fehlentscheidungen gepflastert sein wird und du eher das Gegenteil von dem erreichst, was du gerne erreichen möchtest.

Ja, die Versuchung mag manchmal groß sein und die Gedanken sehr dominierend, die dir sagen: „Ich werde es ihnen (ihm, ihr) beweisen."

Du bist vielleicht bei der Erbschaft ungerecht bedacht worden oder jemand anderer wurde dir vorgezogen, wenn es darum ging, eine bestimmte Position einzunehmen. Aber es ist trotzdem die falsche Motivation sich selbstständig zu machen, um jemand anderen etwas zu beweisen.

Du brauchst auch nicht antreten, um dir selbst etwas zu beweisen. Das ist doch gar nicht nötig. Warum willst du dir etwas beweisen?

Stelle dir lieber die Fragen: „Warum bin ich auf dieser Erde? Wo liegen meine ganz besonderen, einzigartigen Talente und Fähigkeiten? Was ist die Frucht meines Lebens? Was haben andere Menschen davon, dass es mich gibt? Wie kann ich für andere Menschen eine Bereicherung und ein Segen sein?"

Wenn du beginnst, dir diese Fragen zu stellen und das deine Motivation ist für ein Leben als selbstständiger Unternehmer, dann kannst du davon ausgehen, dass auch Gott auf deiner Seite ist. Und das macht einen gewaltigen Unterschied auf deinem Lebensweg.

Bist du wirklich du,

oder spielst du nur eine Rolle,

für die du gar nicht

bestimmt bist?

23. Bin ich wirklich ICH oder spiele ich nur eine Rolle, um meinen Aufgaben gerecht zu werden – verspüre dabei aber keine echte Freude?

Viele Menschen leben heutzutage nicht wirklich ihr Leben, sondern das von jemand anderen.

Viele Menschen sind heutzutage exzellent dressiert für eine bestimme Rolle oder Aufgabenstellung, aber sie leben nicht ihre Einzigartigkeit.

Bist du wirklich du, oder versuchst du den Erwartungen anderer Menschen gerecht zu werden?

Bist du wirklich du, oder spielst du nur eine Rolle, für die du gar nicht bestimmt bist?

Vielleicht kannst du als Rollenspieler sogar viel Geld verdienen, aber in deinem Innersten weißt du, dass das nicht wirklich du bist in deiner einzigartigen Einzigartigkeit.

Kennst du deine Berufung? Hast du dir schon mal die Frage gestellt: „WARUM bin ich wirklich auf dieser Erde?"

Für welche Gruppe von Menschen (Zielgruppe) bin ich der beste Problemlöser? Oder bin ich gar dafür dressiert worden, anderen Menschen Probleme zu machen?

Nur wenn du wirklich in deinem SEIN bist, aus dem SEIN dann das TUN (deine Frucht) nur so herausfließt und aufgrund deiner damit verbundenen Attraktivität die Kunden deine Nähe suchen, wirst du auch die Dinge haben, die du dir so sehr wünscht. Ansonsten wirst du ein Leben lang dem Geld nachlaufen.

Weißt du, wer du bist?

24. Weiß ich, was Er*voll*g wirklich ist?

Er*voll*g hat zwei Schreibweisen. Erfolg: So hat die Frau Lehrer in der Schule es schon geschrieben, aber sie wusste selbst nicht wirklich, was Erfolg wirklich ist.

Meine Schreibweise, die ich seit 1990 verwende und erstmals in meiner Broschüren-Serie „Starke Worte für starke Zeiten" im Jahre 1990 veröffentlicht wurde, ist: ER*VOLL*G.

ER*VOLL*G heißt: ER ist *VOLL* mit all den guten Dingen, die Gott denen bereitet hat, die IHN lieben. Leben haben und es in *VOLL*er Genüge haben.

Einfach *VOLL* zu sein mit den vielen guten Dingen, die mit G beginnen, wie z.B. Gesundheit, Geist, Glaube, Gott, Gnade, Güte, Gerechtigkeit, Gemeinschaft, Geld und noch viele andere Dinge, die man auch zu den guten Dingen des Lebens zählen kann.

VOLL zu sein heißt, ein erfülltes Leben zu leben.

Und am besten kommt man dorthin, wenn man anderen Menschen hilft, *VOLL* zu werden mit all diesen guten Dingen. Denn wenn du anderen Menschen diese „*VOLL*ness" bringst, dann steigt deine Attraktivität gewaltig und damit die Anziehungskraft auf andere Menschen mit all den positiven Folgewirkungen.

Es ist so einfach. Was haben andere Menschen davon, dass es dich gibt?

Bist du eine Tankstelle, um andere Menschen aufzufüllen, oder bist du eine Absaugstation, die andere Menschen absaugt, ihrer Energie beraubt, oder gar benutzt für egoistische Unternehmensziele auf Kosten der Mitarbeiter?

Weißt du wirklich, was ER*VOLL*G wirklich ist?

Hilfst du anderen Menschen diesen ER*VOLL*G zu erleben? Dann brauchst du dir um deine Zukunft keine Sorgen zu machen.

25. Bin ich eher ein Investor oder eher ein Konsument? Kenne ich den Unterschied?

90 % der Menschen sind Konsumenten, 10 % der Menschen sind Investoren. Viele Menschen beklagen sich darüber, dass die Reichen immer reicher werden und die Armen immer ärmer. Und das ist tatsächlich so. Aber es gibt einen Grund dafür, den wir Menschen niemals ändern werden können.

Wenn jemand das gesamte Vermögen Deutschlands umverteilen würde auf alle Staatsbürger, dann würden evtl. morgen alle Menschen in diesem Land über den gleichen Millionenbetrag an Euro verfügen.

Aber eines ist gewiss: In 10 Jahren haben die gleichen Leute, die heute das Geld haben, es wieder. Und jene Leute, die heute keines haben, haben wieder keines, weil eine Denkweise dafür verantwortlich ist, die man mit Umverteilen alleine nicht ändern kann.

Er*voll*greiche Menschen sind deswegen er*voll*greich, weil sie die Zeit, die sie haben, in andere Menschen investieren. Nicht er*voll*greiche Menschen sind deswegen nicht er*voll*greich, weil sie die Zeit, die sie haben, einfach verkonsumieren (z.B. vor dem Fernseher).

Reiche Leute sind deswegen reiche Leute, weil sie das Geld, das sie haben, investieren. Arme Leute sind deswegen arme Leute, weil sie das Geld, das sie verdienen, verkonsumieren.

Ein reicher Bauer ist deswegen ein reicher Bauer, weil er das Samenkorn, das er hat, in den Ackerboden investiert. Ein armer Bauer bleibt deswegen ein armer Bauer, weil er das Samenkorn, das er hat, isst (konsumiert) – und weg ist es.

Es ist ein Lifestyle, eine Denkweise, eine innere Haltung, ein gewisses Softwareprogramm im Hirn und ein gewisses Betriebssystem im Herzen, das darüber entscheidet, zu welcher Gruppe ein Mensch gehört.

Möchtest du wissen, zu welcher Gruppe du gehörst?

Stell dir vor: Heute schenkt dir Tante Mitzi 1.000,- Euro – damit hast du überhaupt nicht gerechnet. Auf einmal hast du 1.000,- Euro in der Hand. Was ist dein erster Gedanke? Ist dein erster Gedanke: „Was kann ich mir darum kaufen?“, dann gehörst du zu den 90 % Konsumenten. Ist dein erster Gedanke: „Wie kann ich es am besten für meine Zukunft investieren (in meine persönliche Entwicklung oder in mein Business usw.)?“, dann gehörst du zu den 10 % Investoren, denen ganz sicher die Zukunft gehört.

Siehst du den entscheidenden Unterschied?

Modul 2: Meine Träume, Visionen und Ziele

1. Was wollte ich als Kind schon immer gerne werden?

Jedes Kind hat Träume und Vorstellungen von der Zukunft. Auch du hast sicherlich bereits vor deinem 10. Lebensjahr Träume gehabt und darüber auch gerne gesprochen – ganz besonders, wenn du gefragt worden bist, was du einmal gerne werden möchtest.

Dann kamen die Teenagerjahre. Hier haben sich wahrscheinlich einige deiner Träume und Vorstellungen schon etwas relativiert. Ob das gut war, kann ich nicht sagen. Die Relativierung könnte auch die Folge davon gewesen sein, weil es in deiner Umgebung Menschen gab, die sich über deine „kindlichen Vorstellungen" lustig gemacht haben und dir zu verstehen gaben, dass das, was du da träumst, ja nichts bringt.

Vielleicht waren deine Eltern sogar manchmal in finanziellen Engpässen und immer dann, wenn du dir etwas aus tiefstem Herzen gewünscht hast, weil du ja deine Träume und Vorstellungen von der großen Zukunft hattest, dann sagte dein Vater oder deine Mutter: „Schlag dir das aus dem Kopf. Wir haben kein Geld." Und so kamst du zu der Überzeugung, dass das alles nichts bringt.

Es gibt leider so viele „Traumabtreiber". Spezialisten dafür, anderen Menschen den Traum ihres Herzens – das Samenkorn Gottes für eine große Zukunft – abzutreiben.

Und wenn das jemand gelungen sein sollte, und das Samenkorn tatsächlich abgetrieben wurde, dann wartest du natürlich umsonst auf die Geburt deiner großen Berufung.

Ich hoffe, das war in deinem Leben nicht der Fall.

Und wenn doch: Dann bitte doch Gott, den Samenspender der Berufungen (Träume), dir dieses Samenkorn nochmals in dein Herz (Ackerboden) zu pflanzen.

Er tut es ganz sicher, weil Gott noch mehr als du selbst daran interessiert ist, dass du deinen Traum zum Nutzen anderer Menschen wirklich ausleben kannst. Dafür bist du schließlich auf diese Erde gekommen.

2. Was brennt in meinem Herzen? Wo liegt meine gottgegebene Berufung?

Bei meinen Seminaren sagen viele Menschen immer wieder zum Thema Träume, Visionen und Ziele zu mir: „Ich weiß nicht, was meine Berufung ist. Wie soll ich das herausfinden?"

Dafür gibt es drei Fragen, die du dir dazu stellen kannst:

Erstens: Was geht dir so richtig von der Hand? Was fließt aus dir heraus, ohne dass du dafür besonderen Energieeinsatz brauchst? Wo bist du besonders gut, wenn es darum geht, Probleme zu lösen? Worum geht es, wenn bestimmte Menschen sagen: „Wenn es darum geht, dann musst du mit >dein Name< (du bist gemeint) sprechen." Diese Menschen sehen evtl. etwas an dir, was besonders ausgeprägt positiv ist, was du evtl. selbst gar nicht siehst.

Zweitens: Welche Werkzeuge hat dein Schöpfer in deine Werkzeugkiste gelegt? Wo liegen deine besonderen Talente und Fähigkeiten? Wenn in deiner Werkzeugkiste ein Hobel ist, bist du sicherlich nicht zum Installateur berufen. Wenn in deiner Werkzeugkiste eine Rohrzange ist, bist du sicherlich kein Schreiner. So einfach ist das. Gott schickt nicht Menschen auf diese Erde für einen ganz bestimmten Auftrag, ohne die passenden Werkzeuge mitzugeben. Wo liegen deine ganz besonderen Talente? Dort liegt auch deine ganz besondere Berufung.

Drittens: Die dritte Frage, die du dir stellen kannst, ist: „Was würde ich tun, wenn Geld keine Rolle spielen würde?“ Was begeistert dich so sehr, dass du dich damit beschäftigen würdest, obwohl niemand dafür etwas bezahlt? Mit welcher Gruppe von Menschen würdest du dich am allerliebsten beschäftigen und welche Probleme würdest du am liebsten lösen? Das ist auch ein sicheres Zeichen dafür, dass Gott dich dort haben möchte.

Was brennt in deinem Herzen? Was bringt dein Herz zum Hüpfen?

Was geht dir so richtig von der Hand?

Welche „Arbeit“ macht dir am meisten Freude?

Das sind sichere Anzeichen dafür, dass dort wahrscheinlich deine göttliche Berufung liegt. ER sagt ja nicht umsonst: „Freut euch allezeit, nochmals sage ich euch, freut euch.“ ALLEZEIT – Hast du gehört? Auch am Montagvormittag.

Ein Mensch, der bei seiner „Arbeit“ voller Freude ist, für den ist es auch das einfachste der Welt, seine Kunden im wahrsten Sinne des Wortes zu begeistern.

3. Habe ich die Fähigkeit mir selbst Ziele zu setzen?

Für einen selbstständigen Unternehmer ist es natürlich sehr, sehr wichtig, sich selbst Ziele setzen zu können. Wenn du das bisher noch nie getan hast, weil dir immer von anderen gesagt worden ist, was zu tun ist, oder du evtl. immer nur handlungsorientiert gelebt hast, aber noch nie – beruflich gesehen – zielorientiert, dann solltest du dich mit diesem Thema wirklich intensiv beschäftigen.

Es kann nicht der Sinn des Lebens sein, immer nur das zu TUN, was andere von dir jetzt erwarten, ohne sich einmal wirklich hinzusetzen und

Frust muss wieder
ein Fremdwort sein.
Unser Land braucht wieder
begeisterte Unternehmer,
begeisterte Führungskräfte und
begeisterte Mitarbeiter, wenn wir
Europa und die Weltwirtschaft
mit unseren Leistungen
begeistern wollen.

sich die Frage zu stellen: „Was ist mein nächstes Ziel? Wo möchte ich – beruflich – gerne landen? Wann möchte ich beruflich wo angekommen sein?"

Du wirst es nicht glauben, aber es sind Millionen von Menschen, die sich noch nie ein berufliches Ziel gesetzt haben, außer den Wunsch geäußert: „Ich möchte einen Arbeitsplatz, ich möchte Geld verdienen, ich möchte auch mal reich werden." Aber das sind nur Wünsche, keine Ziele.

Dann erfüllt sich eines Tages der Wunsch einen Arbeitsplatz zu haben und dann gehen viele Menschen einfach nur zur Arbeit, um Befehle zu empfangen, diese auszuführen und wieder heimzugehen. Das sind auch jene Menschen, die am Montag schon die Tage und Stunden zählen bis zum Wochenende.

Freund, das kann doch nicht der Sinn des Lebens sein. Menschen müssen lernen, sich selbst Ziele zu setzen. Große Ziele, Lebensziele, berufliche Ziele, Ausbildungsziele, familiäre Ziele, finanzielle Ziele, Teilziele, Etappenziele usw.

Nur wenn du weißt, wohin du möchtest, ist die Wahrscheinlichkeit sehr groß, dort auch anzukommen.

Viele Menschen leben nach dem Satz: „Wir wissen zwar nicht, was wir wollen, aber das mit ganzer Kraft." Es heißt auch: „Ein Schiff, das seinen Hafen nicht kennt, dem ist kein Wind ein günstiger!"

Für einen selbstständigen Unternehmer ist es sehr wichtig, sich selbst Ziele setzen zu können. Denn wenn du das nicht selbst machst, dann machen das andere für dich und du kriegst es womöglich gar nicht mit. Dann landest du eines Tages wo, wo du nie hinkommen wolltest.

Man hat dich nur benutzt für die Ziele anderer Menschen.

4. Habe ich in meiner Vergangenheit schon öfters bewiesen, dass ich Ziele erreichen kann?

Wir gehen auf alle Fälle davon aus, dass du die Fähigkeit besitzt, dir selbst Ziele zu setzen. Und das ständig. Daher bist du ja SELBST-STÄNDIG. Du weißt, was du willst, kannst das auch formulieren, in einzelne Schritte zerlegen und dann Schritt für Schritt darauf zugehen.

Denke einmal zurück in deine Vergangenheit. Du hast sicherlich schon vieles bewegt, getan, erreicht usw.

Waren die Ziele, die du erreicht hast, bewusst gesetzte Ziele, oder ist es einfach „geschehen"? Sind die Dinge einfach passiert, ohne dass es ein Ziel gewesen wäre?

Du hast sicherlich schon Ziele erreicht. Wer hat dir diese Ziele gesetzt? Du selbst? Bewusst oder unbewusst?

Stell dir vor: Du hast etwas Positives, Gutes, Sinnvolles erreicht, obwohl es gar kein Ziel war. Was wäre aber alles möglich, wenn du dir bewusst Ziele setzt und dann darauf zugehst? Konsequent, konzentriert, nicht nach rechts und nicht nach links schauend, sondern geradeaus?

Denke nochmals zurück in deine Vergangenheit, und zwar an die ganz besonderen Highlights deines Leben. Stell dir etwas Konkretes, etwas positiv Erlebtes vor. War das nicht doch ein Ziel von dir, wenn auch unbewusst?

Stell dir vor, wie das dann wäre, wenn du lernst, klare Ziele zu setzen, darauf konsequent zuzugehen – gemeinsam mit anderen Menschen?

Ja, gemeinsam mit anderen Menschen. Die Talente und Stärken der einzelnen miteinander verbinden. Synergien schaffen, gemeinsam zielorientiert Energien freisetzen, derer man sich bisher vielleicht gar nicht so bewusst war, weil es keine klaren, gemeinsamen Ziele gab.

Es ist wirklich unglaublich, was alles im Leben eines Menschen möglich wird, wenn jemand beginnt, auf ein klar gesetztes Ziel konsequent zuzugehen, auch wenn die Menschen um dich herum dich nicht immer verstehen.

5. Kann ich wirklich ehrlich meine Schwächen benennen?

Die meisten Menschen konzentrieren sich viel zu sehr auf ihre Schwächen. Wenn sich große Chancen auftun vor ihren Augen, dann beginnen viele Menschen zuerst zu sagen:

„Das funktioniert bei mir nicht, weil ... Das geht nicht, weil ... Dazu fehlen mir die Mittel ... Hier habe ich keine Begabung ... usw."

Viele Menschen sind „Ausreden gesteuert" und lassen damit zu, dass es in ihrem Unterbewusstsein immer Gründe gibt, warum sie etwas nicht tun. Sie konzentrieren sich auf ihre Schwächen und ihren Mangel anstatt auf ihre Stärken und Chancen.

Aber für er*voll*greiche Menschen ist es auch sehr wichtig, die wirklichen Schwächen klar benennen zu können. Wir alle haben Schwächen – oder besser gesagt: NICHT-Stärken.

Der Unterschied zwischen einer Nicht-Stärke und einer Schwäche ist:

Eine Nicht-Stärke ist keine Schwäche, sondern ganz einfach ein fehlendes Talent. Das spielt aber überhaupt keine Rolle, denn hier kann man sich mit anderen Menschen verbinden, die in diesem Bereich ihre Stärken haben und gemeinsam können wir dann Großes bewegen.

Eine Schwäche ist, wenn man in einem bestimmten Bereich des Lebens eine Neigung hat, die zerstörerisch sein kann. Z.B. du machst dich selbstständig, kannst aber mit Geld nicht umgehen. Das Geld sitzt sehr locker in deiner Hand und dir fehlt die innere Power NEIN zu sagen, auch wenn es sich um noch so einen „günstigen Deal" handelt, du aber das überhaupt nicht wirklich brauchst. Das ist für einen selbstständigen Unternehmer möglicherweise „tödlich".

In diesem Falle ist es sehr wichtig und sehr gut, wenn du dir dieser Schwäche wirklich bewusst bist, sie ehrlich eingestehst, um dich herum

Menschen hast, die für dich die Finanzen des Unternehmens führen und du dir nur ein monatliches Gehalt – als Eigentümer der Firma – genehmigst und alles tust, damit wirklich auszukommen. Betrachte deine Firma nicht als Selbstbedienungsladen für dich, wenn es um Geld für private Ausgaben geht.

Auch ich musste über die Jahre einiges lernen in diesem Thema. Und wenn ich das früher erkannt hätte, hätte ich mir so manches Problem sparen können.

6. Kann ich wirklich ehrlich meine Stärken benennen?

So wie es wichtig ist, ehrlich zu seinen Schwächen zu stehen und sie so konkret wie möglich benennen zu können, ist es auch wichtig, seine ausgeprägten Stärken zu kennen und sie klar zu benennen.

Dein Er*voll*g als selbstständiger Unternehmer ist von deinen ganz persönlichen Stärken abhängig. Dort liegt deine Einzigartigkeit. Das ist das, was deine Zielgruppe sieht bzw. sehen und erkennen muss, und das ist auch der Grund, warum andere Menschen deine Nähe suchen.

Wenn Kunden beginnen dir nachzulaufen, dann ist es ganz einfach, wirklich er*voll*greich zu werden. Sie laufen dir wegen deiner Stärken nach und nicht wegen deiner Schwächen.

Kannst du deine Stärken benennen? Oder ist es reiner Zufall, ob jemand anderer sie erkennt und daher deine Nähe sucht?

Jemand sagte mal zu mir: „Karl, ich habe keine Stärken", und setzte halb lustig fort: „Mein Vater nannte mich immer eine Pflaume. Wahrscheinlich bin ich eine Pflaume – und als solche kann man ja nicht er*voll*greich sein."

Ich reagierte: „Was, du bist eine Pflaume? Wirklich eine Pflaume? Stell dir vor, wie viele Menschen da draußen auf dich warten. Es gibt Tausende Menschen, die waren schon eine ganze Woche nicht mehr auf der Toilette. Und du bist eine Pflaume. Problemlösung pur – einzigartig attraktiv für eine bestimmte Zielgruppe in einer bestimmten Problemsituation. Aber wenn du dich die ganze Woche nur mit Menschen beschäftigst, die eh schon Durchfall haben, dann ist das die falsche Zielgruppe. So kannst du nicht er*voll*greich sein."

Freund, wir alle haben Stärken. Einzigartige Stärken. Gott schickt niemanden auf diese Erde ohne ausreichend Stärken zu haben, um auf dieser Welt für eine ganz bestimmte Gruppe von Menschen ein Problemlöser, ein Segen zu sein.

Und je besser, je konkreter, je klarer du deine Stärken in der Kommunikation mit anderen Menschen benennen kannst, zu artikulieren weißt, umso schneller erkennen andere Menschen, warum sie in einer bestimmten Problemsituation gerade deine Nähe suchen sollen.

7. Würde ich mich selbst als entschlossen bezeichnen?

Entschlossenheit ist eine der allerwichtigsten Eigenschaften eines er*voll*greichen Unternehmers. Die meisten Menschen kommen nämlich im Leben nicht weiter, weil sie die Dinge nur probieren. Mal schauen, was draus wird. Mal schauen, ob es funktioniert. „Schau'n ma mal ..." funktioniert im Unternehmertum nicht wirklich. Das mag beim Fußball funktionieren und in Bereichen, wo des Ergebnis von den Entscheidungen anderer abhängig ist, aber im selbstständigen Unternehmertum reicht es nicht aus, einfach nur zu schauen, was draus wird.

Entschlossenheit ist eine wichtige Eigenschaft jedes er*voll*greichen Menschen. Wir haben ja auf dieser Erde keinen Mangel an Geschäftsmöglichkeiten, auch keinen Mangel an Chancen, Ideen und Möglichkeiten zum Geldverdienen, viele Menschen haben aber einen Mangel an Entschlossenheit.

Schon in der Bibel steht im Buch Hiob: „Beschließt du etwas, so trifft es ein, und Licht überstrahlt deine Wege." (Hiob 22, 28) Eine klare, positive Hiobs-Botschaft, wenn du so möchtest.

Wir haben zu viele ähnliche Firmen,
die ähnliche Mitarbeiter beschäftigen
mit einer ähnlichen Ausbildung,
die ähnliche Arbeiten durchführen.

Sie haben ähnliche Ideen und
produzieren ähnliche Dinge
zu ähnlichen Preisen
in ähnlicher Qualität.

Wenn du dazugehörst,
wirst du es künftig schwer haben.

Würdest du dich selbst als entschlossen bezeichnen? Bist du ein Mensch klarer Entscheidungen mit dem Drang zum zielorientierten, entschlossenen Handeln? Dann mache ich mir um dich sicherlich keine Sorgen.

Ja, du wirst einige Fehlentscheidungen treffen. Ja, du wirst sicherlich hin und wieder Dinge ganz entschlossen tun, die du kein zweites Mal tun würdest. Ja, du wirst vielleicht auch Dinge tun, die andere Menschen als Fehler bezeichnen. Aber das macht ja gerade er*voll*greiches Unternehmertum aus.

Nur wenn du Dinge tust, die andere Menschen nicht tun, kannst du Fehler machen, die andere Menschen nie machen können. Und wenn du Fehler machst, die andere Menschen gar nicht machen können, kannst du Dinge lernen, die andere gar nicht lernen können. Und weil du Dinge gelernt hast, die andere gar nicht lernen konnten, kannst du wieder Dinge tun, die andere Menschen gar nicht tun können. Und weil du Dinge tust, die andere Menschen nicht tun, kannst du auch Dinge erleben, die andere Menschen nie erleben werden.

Also, wenn du ein entschlossener Mensch bist, dann wartet ein hochinteressantes Leben auf dich. Ereignisreich, voller Erlebnisse und schließlich er*voll*greich.

8. Würde ich mich selbst als gut organisiert bezeichnen?

Bist du ein Chaot oder bist du ein Überorganisierter? Oder bist du der goldene Mittelweg?

Ja, es gibt viele Chaoten im Geschäftsleben. Das heißt aber noch lange nicht, dass sie er*voll*greich sind und es heißt auch noch lange nicht, dass sie deswegen scheitern.

Ja, es gibt aber auch viele Organisationsfreaks im Geschäftsleben. Sie haben stets alles in perfekter Ordnung, überall den Überblick und finden alles auf Anhieb, wenn sie etwas brauchen. Das heißt aber noch lange nicht, dass sie deshalb er*voll*greich sind und es heißt auch noch lange nicht, dass sie deswegen scheitern.

Ja, so mancher war schon überorganisiert. Und ist vor lauter Organisation nicht zum sinnvollen Arbeiten gekommen. Und gescheitert. Hoffentlich dabei auch „gescheiter" geworden.

Es gibt zwei Dinge, die für ein er*voll*greiches Unternehmertum wirklich wichtig sind: EFFEKTIVITÄT und EFFIZIENZ.

Der Unterschied ist folgender:

Effektivität heißt: das Richtige zu tun.

Effizienz heißt: es richtig zu tun.

Ob gut organisiert oder ein Chaot, hat mit Effektivität nichts zu tun. Effektivität bedeutet nur, dass du das Richtige tust. Du gehst in die richtige Richtung, lebst in deiner gottgegebenen Berufung und tust auf dieser Erde, was nur du wirklich tun kannst. Niemand anderer. Weil es dein Auftrag ist.

Effizienz heißt aber: Das, was du tust, auch richtig zu tun. Effizient. Mit dem geringsten Einsatz von Energie die höchste Wirkung erzielen. Das ist für einen Chaoten möglicherweise sogar einfacher wie für einen „perfektionistischen Organisierer". Der steht sich möglicherweise selbst im Weg.

Der Chaot hat aber die Möglichkeit an seine Seite einen Assistenten zu stellen, der all das tut, was ein Chaot nicht sieht und nicht tun kann, und dafür sorgt, dass alles richtig läuft.

Beides ist möglich. Das Beste hier ist aufgrund meiner Erfahrung der goldene Mittelweg.

9. Würde ich mich selbst als einen „Tagträumer" bezeichnen?

Ein Träumer zu sein, ist etwas anderes als ein Tagträumer. Die Bemerkung „der ist ein Träumer" bedeutet ja für die meisten Menschen nichts Positives. Aber stell dir vor, du bist kein Träumer. Was dann? Du hast keinen Traum, du träumst ihn nicht, obwohl du einen hättest, du kannst dir gar nichts vorstellen vor deinem geistigen Auge, du hast keine oder eine sehr unterentwickelte Vorstellungskraft usw.

Glaubst du, dass dein Leben als „Nicht-Träumer" attraktiv ist? Unmöglich.

Die Zukunft gehört dem Träumer. Schon Martin Luther King jun. wurde berühmt mit diesem Satz: „I have a dream!" Auch Arnold Schwarzenegger wanderte in den 70er Jahren in die USA aus und sein Standard-Satz war: „I have a dream!" Und auch ich – geboren als zweiter Sohn einer armen Totengräberfamilie – bemühte schon in den 60er Jahren bei jeder Gelegenheit den Satz: „I have a dream!" und dieser führte auch mich und meine Familie nach Amerika.

Martin Luther King jun. und Arnold Schwarzenegger waren beide keine Tagträumer. Auch ich nicht.

Tagträumer sind Menschen, die während des Tages einfach so dahinträumen, aber nie den Mut aufbringen, das auch zu TUN, was sie da träumen. Sie trauen sich nicht drüber – obwohl sie so gerne das alles verwirklichen möchten. Aber … Der Aberglaube ist eben zu stark in ihrem Leben.

Martin Luther King jun. veränderte Amerika grundlegend.

Unternehmer

unternehmen etwas.

Sonst sind sie

tagträumende

Unterlasser.

Arnold Schwarzenegger hat viel mehr erreicht in seinem Leben, als er sich selbst vorstellen konnte, als er als junger Mann hoffnungsvoll sein Heimatland verließ. Und auch ich wäre jetzt nicht hier und könnte dieses Buch (wahrscheinlich mein 28.) schreiben, wenn ich nicht meinem Traum die notwendigen Taten hinzugefügt hätte.

Sei kein Tagträumer. Ja, träume auch während des Tages, natürlich, aber aktiv, möglichst schriftlich, so konkret wie möglich … Und gehe darauf zu. Sei ein „tagträumender-auf-den-Traum-aktiv-zugehender-auf-dem-Weg-seiender-und-nicht-stehenbleibender“ selbstständiger Unternehmer.

Du weißt: Unternehmer unternehmen etwas. Sonst sind sie tagträumende Unterlasser. Und es heißt ja nicht umsonst:

HANDELT DANACH und ihr werdet leben.

10. Kenne ich den Traum meines Lebens?

Es gibt kleine Träume, es gibt große Träume. Es gibt kurzfristige Träume, es gibt mittelfristige Träume, es gibt langfristige Träume. Und es gibt den Traum deines Lebens.

Kennst du den Traum deines Lebens?

Den Traum deines Lebens könntest du auch göttliche Berufung nennen.

Ein Traum ist ja ein Auftrag, kein Wunsch, den man sich erfüllen kann, wenn man genügend Geld hat.

Manche Menschen können Traum und Wunsch nicht auseinanderhalten. Aber dazu kommen wir etwas später.

Gott hat für jeden Menschen einen Plan. Einen Plan, der viel besser ist als jeder Plan, den sich Menschen selbst ausdenken könnten.

Es gibt keinen einzigen Menschen auf dieser Erde, der umsonst hier wäre, planlos unterwegs aus der Sicht Gottes. Ein Missgeschick einer unüberlegten Handlung einer Mutter und eines Vaters.

Jemand sagte mal zu mir: „Ich glaube nicht, dass Gott für mich einen Plan hat. Ich bin nämlich das Produkt eines One-Night-Stands." Meine Antwort war: „Gott benutzt auch One-Night-Stands, um für jemanden eine Hardware (Körper) zu besorgen. Denn ohne dieser Hardware wäre ein Mensch auf dieser Erde nicht sichtbar."

Ich bin fest davon überzeugt, dass Gott auch für dich den idealen Plan hat. Wo du so richtig in deinem Element bist. Wo du das, was du tust, überhaupt nicht als Arbeit empfindest, sondern es einfach die Frucht deines Lebens, oder moderner formuliert, der „Output" deines Lebens ist, produziert im idealen Zusammenwirken von Betriebssystem (Geist), Software (Seele) und Hardware (Körper).

Wenn du den Traum des Lebens lebst (nicht dir einen Wunsch erfüllst), dann bist du auch so richtig in deinem Element.

Jeder sieht es, jeder spürt es. Jeder, der dir begegnet, weiß es: Hier lebt einer in seiner gottgegebenen Berufung.

11. Habe ich für mich schon geklärt, WARUM ich auf diese Erde gekommen bin?

Es gibt zwei wichtige Tage im Leben eines Menschen: Der erste Tag ist der Tag, an dem du geboren wurdest und der zweite Tag ist der Tag, an dem du herausgefunden hast WARUM.

Warum bin ich auf dieser Erde? Was ist die Frucht meines Lebens? Was haben andere Menschen davon, dass es mich gibt?

Hast du diesen zweiten Tag schon erlebt? Ist dieses Samenkorn Gottes, das er dir mitgegeben hat, schon auf fruchtbaren Boden gefallen – in dein Herz? Hat sich dein Herz und das Samenkorn schon miteinander verbunden?

Es heißt nicht umsonst: Wenn das Weizenkorn nicht in die Erde fällt und stirbt, bleibt es allein; wenn es aber stirbt, bringt es reiche Frucht.

Der Traum deines Lebens (deine Berufung – eine göttliche Fertigexistenz) ist das Samenkorn, dein Herz ist hier der Ackerboden. Und wenn sich diese beiden IN DIR miteinander verbinden, dann beginnt etwas Gewaltiges in deinem Leben.

Ich habe diesen zweiten Tag erlebt am 24. Juni 1982, als ich Gott die Frage stellte: „Wenn du einen Plan hast für mein Leben, der besser ist als der meine, dann lade ich dich heute ein, komm in mein Herz – in mein Leben."

Und ER kam und zeigt mir in den Tagen und Wochen darauf immer mehr, was ER mit mir vorhat. Und ich habe mich entschlossen, IHM Schritt für Schritt zu folgen, so gut ich es erkannte und eben konnte.

Du glaubst nicht, was das für einen Unterschied macht im Leben, ob jemand nur arbeiten geht, um über die Runden zu kommen, oder ob jemand einen Traum realisiert, den er sich selbst zurechtgelegt hat. Oder ob jemand diesen zweiten Tag schon erlebt hat und daher in diesem Bewusstsein beginnt, den Weg zu gehen, den Gott für ihn bereitet hat.

Es heißt nicht umsonst: Kein Auge hat es gesehen, kein Ohr hat es gehört und kein Menschenherz hat es empfunden, was Gott denen bereitet hat, die Ihn (und Seinen göttlichen Plan) lieben.

12. Kenne ich bereits meine gottgegebene Berufung?

Kennst du bereits diese gottgegebene Berufung?

Wenn nicht, mach dir keine unnötigen Sorgen. Wenn du Gott danach fragst, gibt er dir sicherlich gerne darauf seine Antwort.

Aber die meisten Menschen fragen ja nicht danach.

Jene, die danach fragen, fragen in erster Linie andere Menschen.

Die Schulen in unserem Lande helfen unseren Kindern auch nicht dabei, ihre gottgegebene Berufung zu finden. Sie stopfen die Schüler lieber voll mit Information, die sie wahrscheinlich nie brauchen. Und je voller sie gestopft worden sind mit Themen, die gar nicht zur spezifischen göttlichen Berufung dieses Kindes passen, umso schwieriger wird es für das Kind bzw. den dann erwachsenen Menschen, die gottgegebene Berufung zu erkennen.

Frag doch Gott. Das habe ich schon so manchem Menschen gesagt als Antwort auf die Frage an mich. Ich kann doch nicht wissen, was Gott mit dir vorhat. Was fragst du mich? Frag doch Gott.

Und so mancher Mensch sagte zu mir: „Der (Gott) hat mit mir noch nie gesprochen." Meine Antwort darauf ist immer: „Vielleicht deswegen, weil du nichts mit ihm zu tun haben wolltest all die Jahre. Wenn du mit mir nichts zu tun haben willst, würde ich auch nicht zu dir sprechen, oder?"

Frag doch Gott. Er hört gerne zu, wenn du ihm eine Frage stellst, und gibt dir auch sehr gerne – bereitwillig – seine Antwort.

Bist du bereit dafür? Kannst du ihm auch zuhören oder gehörst du zu jenen Menschen, die meinen, dass „beten" Gedichte (möglichst schnell) aufsagen heißt, dann Amen sagen und davonlaufen. Nein, Gebet heißt: Gebe dich hin, hör ihm zu und er spricht zu dir.

Ich habe eines gelernt: Man soll immer den am meisten sprechen lassen, der auch am meisten weiß und das Meiste zu sagen und zu geben hat.

Daher lasse ich in meiner Gebetszeit immer 90 % Gott sprechen und ich rede höchstens 10 %. Du glaubst gar nicht, was man dabei alles lernen und erfahren kann.

Ganz besonders auch den Plan Gottes für dein Leben.

13. Was bringt mein Herz so richtig zum Hüpfen?

Gott will, dass seine Kinder glücklich sind. Das ist eine fixe Größe, die du dir niemals ausreden lassen darfst. Schon gar nicht von religiösen Leuten, die immer meinen genau zu wissen, was Gott will und was Gott nicht will.

Es heißt nicht umsonst: „Wenn nun schon ihr, die ihr böse seid, euren Kindern gebt, was gut ist, wieviel mehr wird euer Vater im Himmel denen **Gutes** geben, die ihn bitten.“ (Matthäus 7, 11 – Kath. Einheitsübersetzung)

Ein guter Vater freut sich mit seinen Kindern, wenn sie glücklich sind, wenn ihre Herzen hüpfen, wenn ihnen die Dinge, die sie tun auch gut gelingen, wenn sie er*voll*greich sind …

Was bringt dein Herz wirklich zum Hüpfen?

Woran musst du denken, dass dein Herz zum Hüpfen beginnt?

Womit beschäftigst du dich, wenn du wirklich glücklich sein möchtest?

Was macht dich überglücklich im Umgang mit anderen Menschen?

Dort liegt ganz sicher auch deine Berufung.

Dein himmlischer Vater ist mit dir glücklich.

Die Menschen, denen du begegnest, sind durch die Begegnung alleine schon glücklich – weil das Feuer überspringt.

Du machst andere Menschen glücklich, weil du es bist – alles reproduziert nach seiner Art.

Das Feuer in deinem Herzen brennt und entzündet viele andere Menschen.

Du bist eine Bereicherung für die gesamte Gesellschaft, nur weil du brennst, dein Herz hüpft, viele Menschen dadurch ermutigst, auch ihren gottgegebenen Plan auszuleben. Du bist ein Segen für viele, viele Menschen und diese Welt ist nicht mehr dieselbe.

Nur weil du das tust, was dein Herz zum Hüpfen bringt.

Denk mal drüber nach, höre auf dein Herz und folge dem Feuer deines Herzens. Und du bist nie mehr der- bzw. dieselbe.

Wünsche sind schön,

Wünsche sind gut.

Aber du darfst diese

nicht verwechseln

mit dem TRAUM

deines Lebens.

Deiner Berufung.

14. Kenne ich den Unterschied zwischen einem Traum und einem Wunsch?

Hier gibt es eine sehr große Verwirrung und Fehlinterpretation bei den allermeisten Menschen. Sie verwechseln **den** Traum mit ihren Wünschen.

Ein Haus am Meer ist kein Traum. Das ist ein Wunsch, den man sich erfüllen kann, wenn die „Portokasse“ stimmt.

Kauf dir kein Haus am Meer auf Kredit, ohne zu wissen, wie du die monatlichen Raten – mit Leichtigkeit – finanzieren kannst. Wenn du dir nämlich ein Haus am Meer kaufst – das ist ein schöner Wunsch – und du musst dir jeden Monat Sorgen machen, wie du die nächste Rate wieder bezahlen kannst, dann zerstört das deine Kreativität. Und wenn deine Kreativität zerstört wird von diesen Sorgen und Ängsten und den vielen Gedanken drum herum, dann bist du bald nicht mehr attraktiv für andere Menschen. Und wenn du keine kreativen, attraktiven Problemlösungen mehr anzubieten hast, dann kannst du sehr bald auch die monatlichen Raten nicht mehr bezahlen.

Beginne dein Leben nicht mit dem Erfüllen von Wünschen. So schön das wäre, aber das funktioniert nicht.

Viele Menschen haben viele Wünsche, die sie sich gerne erfüllen möchten – und zwar so schnell wie möglich. Ihr Denken ist von ihren Wünschen gefangen genommen, alles dreht sich um ihre Wünsche – aber der Traum ihres Lebens, ihre Berufung, ihr Leben im Überfluss findet nicht statt. Weil sie sich auf die Ernte konzentrieren und nicht auf die „Arbeit des Bauern“, das Säen, Hegen, Pflegen, Düngen. Sie konzentrieren sich mehr auf ihre egoistischen Wünsche als auf die Frage: WARUM bin ich auf dieser Erde? Was haben andere Menschen davon, dass es mich gibt?

Wünsche sind schön, Wünsche sind gut. Aber du darfst diese nicht verwechseln mit dem TRAUM deines Lebens. Deiner Berufung. Den TRAUM muss man LEBEN. Wünsche kann man sich erfüllen, wenn die „Portokasse“ stimmt.

Jemand sagte mal zu mir: Mein Traum ist ein wirklich schönes Chefbüro. Er gründete eine Firma und gab fast das gesamte Startkapital für sein schönes Chefbüro aus. Das war seine erste „Amtshandlung". Es dauerte kein Jahr und er musste seinen „Traum" verlassen. Konkurs.

Dein Chefbüro sollte das Letzte sein, wofür du teures Geld ausgibst.

15. Kenne ich den Unterschied zwischen einem Traum und einer Vision?

Jene Menschen, die einen Traum mit einem Wunsch verwechseln, tendieren auch häufig dazu, eine Vision mit einem Traum zu verwechseln.

Jemand fragte mich einmal: „Karl, wo ist der Unterschied zwischen einem Traum, einer Vision, Zielen und Wünschen?"

Das sind vier Begriffe, die von vielen Menschen unterschiedlichst ausgelegt und oft miteinander verwechselt werden.

Es beginnt alles mit einem Samenkorn. So ist es mal. Dieses Samenkorn für deine Zukunft heißt TRAUM. Dieser Traum ist eine einzigartige Konstellation von Talenten und Fähigkeiten, Wissen, Genen und Potenzialen. Eine Fertigexistenz, das Franchisepaket des Himmels für deine Zukunft. Kurz gesagt: deine einzigartige Berufung auf dieser Erde. Himmel auf Erden.

Du nimmst dieses Samenkorn und beginnst damit zu arbeiten. Du beginnst deinen Traum zu träumen und zu leben. Aufgrund dieses einzigartigen Samenkorns (Traum) siehst du vor deinem geistigen Auge etwas für deine Zukunft, was andere Menschen gar nicht sehen können, weil sie diesen Traum nicht haben. Was du da als Ergebnis siehst vor deinem geistigen Auge nennt man VISION.

Weil du diese VISION hast (in deinem Herzen bereits Realität, aber noch nicht ins Sichtbare materialisiert), beginnst du darauf zuzugehen. Mutig. Schritt für Schritt. Du setzt dir ZIELE. Teilziele, Etappenziele, Bereichsziele, finanzielle Ziele usw. Du gehst darauf zu und erreichst diese Ziele. Schritt für Schritt.

Und in dem Maße, wie du diese Ziele erreichst, kannst du dir deine WÜNSCHE erfüllen.

Also, es beginnt mit einem TRAUM, daraus folgt die VISION, daraus folgern die ZIELE und dann kommen die WÜNSCHE.

Zäume das Pferd deines Lebens nicht von hinten auf.

Wir müssen gemeinsam
die jungen Menschen
von heute inspirieren,
aus ihren Talenten und
Fähigkeiten Problemlösungen
zu formen und diese
als mutige Unternehmer in die
Gesellschaft zu tragen.

16. Kenne ich den Unterschied zwischen einer Vision und meinen Zielen?

Wie bereits erwähnt, sind Ziele die Folge einer Vision. Du siehst etwas vor deinem geistigen Auge und beginnst dich darauf zuzubewegen. Schritt für Schritt.

Eine VISION ist etwas sehr Reales. Im Geist bereits Realität. Viele Menschen wissen nicht, dass die unsichtbare Welt ja viel realer ist als die Realität, die wir mit den Augen wahrnehmen.

Die Herausforderung auf dieser Welt liegt darin, das, was im unsichtbaren Bereich bereits Realität ist, zu verWIRKLICHen. Zu REALisieren.

Es heißt nicht umsonst: GEIST ist Ursprung aller Materie. Alles, was für unser Auge materiell sichtbar ist, sich bereits materialisiert hat, hat im Geist eines Menschen bzw. im Universum (Geist Gottes) begonnen. Als Idee, als Traum, als Vision.

Es heißt auch nicht umsonst: Der Geist ist es, der lebendig macht, das Fleisch (das Materielle) allein nützt nichts. Es gibt so viel tote Materie, die nichts mehr nützt. Hat zwar im Geist einmal begonnen, doch dann hat der Geist (die Vision) die Materie verlassen.

Und nun kommen wir zu den Zielen. Visionen haben viele, aber nur wenige Menschen beginnen, sich auch Ziele für die Umsetzung zu setzen. Konkrete Ziele. Etappenziele, Teilziele usw.

Der Unterschied zwischen dir und einem Architekten ist folgender: Wenn du die Straße runterfährst, siehst du eine grüne Wiese. Wenn ein Architekt dieselbe Straße runterfährt, sieht er ein fertiges Haus.

Und nun macht sich der Architekt auf den Weg, beginnt sich Ziele zu setzen. Er beginnt Pläne zu zeichnen, lässt Kostenvoranschläge errechnen, holt Bewilligungen ein. Er geht Schritt für Schritt auf seine – aus der Vision entstandenen – Ziele zu.

Und das ist der Grund, warum es dieses Haus dann in der materialisierten, sichtbaren Welt auch tatsächlich gibt.

Die meisten Visionen kommen nicht zustande, weil die meisten Visionäre sich nicht an die Arbeit machen und TUN. Denken, Planen, Schreiben, Rechnen, UMSETZEN.

17. Was würde ich mit meinem Leben tun, wenn Geld keine Rolle spielen würde?

Ja, was würdest du wirklich tun, wenn Geld keine Rolle spielen würde. Und Geld spielt tatsächlich keine Rolle. Es gibt so viel davon. Milliarden werden täglich verschoben, ohne dass damit Werte geschaffen werden für den Menschen. Das ist der Fluch der heutigen Zeit. Geld gibt es genug, aber nur nicht für die Masse der Menschen – keine Kaufkraft, sondern nur Spekulation aus Gier, Egoismus und Hochmut. Aber Hochmut kommt vor dem Fall.

Also Geldmangel darf nicht das Problem sein für die Realisierung deiner gottgegebenen Vision.

Der Engpass liegt ganz woanders, nicht beim Geld. Der Engpass liegt in deiner Entschlossenheit das, was in deinem Herzen brennt, auch tatsächlich zu tun.

Die mangelnde Entschlossenheit kommt aus dem absolut unnötigen Mangeldenken der meisten Menschen. Sie denken in Mangel, nicht in Überfluss.

Ihr Denken ist: „Ich würde ja, aber ich hab ja nicht. Ich möchte ja gerne, aber ich kann ja nicht, weil ich das und jenes nicht habe. Ich sollte ja, aber ich habe ja kein Geld."

„Sobald ich Geld habe, fange ich an", das sagen die allermeisten Menschen, die in diesem Leben nie zur Realisierung ihres Traumes kommen.

„Sobald ich Geld habe, beginne ich zu planen – vorher macht es ja keinen Sinn, wenn ich eh kein Geld habe", so denken die meisten – und verpassen alles.

Das Geld sagt: „Ich würde zu dir kommen, aber du weißt ja gar nicht wirklich, was du willst. Ich würde gerne zu dir kommen, aber du bist ja auf mich überhaupt nicht vorbereitet."

Du wartest auf das Geld und das Geld wartet auf dich. Und wenn sie nicht gestorben sind, dann warten sie noch heute.

Was würdest du wirklich TUN, wenn Geld keine Rolle spielen würde? Nicht: Was würdest du kaufen, konsumieren, anschaffen, sondern was würdest du MIT DEINEM LEBEN tun, wenn Geld keine Rolle spielen würde? Das ist die entscheidende Frage.

Und Geld spielt ja wirklich keine Rolle.

18. Bin ich in der Lage ein richtiger „Selbst-Starter" zu sein?

Wir haben schon besprochen, wie wichtig es ist, sich selbst Ziele setzen zu können. Wir haben auch schon besprochen, wie wichtig es ist, entschlossen zu sein, etwas zu tun. Und hier liegt natürlich die Betonung auf TUN.

Es gibt viele Menschen, die wissen, was sie wollen. Sie träumen auch aktiv, setzen sich Ziele, sind angeblich entschlossen ihren Plan auch umzusetzen, aber sie kommen nicht wirklich in die Gänge. Kennst du vielleicht jemanden?

Wo mag der Grund dafür liegen? Sehr häufig liegt der Grund darin, dass diese Menschen immer auf den geeigneten Zeitpunkt warten, der aber nie kommt. Der geeignete Zeitpunkt ist nämlich immer JETZT. Der ideale Tag ist immer HEUTE. Es heißt ja nicht umsonst schon in der Bibel: „HEUTE ist der Tag der Rettung, HEUTE ist der Tag des Heiles."

Viele Menschen warten daher seit vielen Jahren schon auf den richtigen Zeitpunkt und möchten auch alles perfekt vorbereitet haben, bevor sie starten.

Was hältst du von einem Menschen, der sagt: „Ich muss unbedingt nach Wien, aber ich fahre erst weg, wenn alle Ampeln auf Grün stehen?"

Die Lebensqualität
eines Menschen steht in
direktem Zusammenhang
mit seinem Nutzen,
den er anderen stiftet, egal
in welchem Beruf er tätig ist.

Perfektionismus ist für einen Unternehmer nicht gefragt. Ein Unternehmer startet. Er macht sich auf den Weg. Er bringt sich und seine Umgebung in Bewegung. Es ist nämlich besser, manchmal im Kreis zu laufen und wieder dort anzukommen, wo man schon mal gewesen ist, als zu Hause zu sitzen und auf den idealen Tag zu warten.

Bist du ein Selbst-Starter oder brauchst du immer die Motivation von außen, von anderen Leuten, von deinem Chef, vom Motivationstrainer usw.?

Als Unternehmer bist du aber selbst dein Chef, dein eigener Herr – wie man so schön sagt. Daher ist es unbedingt notwendig, dass deine Inspiration, deine Motivation zu handeln, zu tun, aus deinem Innersten kommt.

Und wenn die Schwierigkeiten, die Hindernisse am größten sind, dann darfst du dich nicht zurücklehnen und warten, bis es besser wird, wieder einfacher wird, wieder mehr Spaß macht.

Nein, wirklich er*voll*greiche Unternehmer werden dann besonders motiviert, aktiv und effizient, wenn die Herausforderungen am Größten sind.

19. Wie würde ich Unabhängigkeit definieren?

Was bedeutet für dich Unabhängigkeit? Viele Menschen antworten auf die Frage, warum sie sich selbstständig gemacht oder warum sie sich selbstständig machen möchten, mit: „Weil ich unabhängig sein wollte bzw. will."

Was aber ist Unabhängigkeit? Was verstehst du darunter?

Wenn du darunter finanzielle Unabhängigkeit verstehst, dann könnte sein, dass du lange darauf warten musst, bis es soweit ist. Insbesondere dann, wenn du unter finanzieller Unabhängigkeit verstehst, ausreichend Geld zu haben bzw. nie mehr wieder in finanzielle Engpässe zu kommen.

Unabhängigkeit

ist in erster Linie nicht

eine Frage der finanziellen

Situation,

sondern vielmehr

eine Frage der eigenen

Persönlichkeit.

Wenn du darunter persönliche Unabhängigkeit verstehst, dann musst du dich mit der Frage wirklich auseinandersetzen, was du damit genau meinst.

Meinst du damit persönlich unabhängig von anderen Menschen? Das ist ein selbstständiger Unternehmer sicherlich nie. Er ist höchst abhängig von seinen Mitarbeitern, seinen Kunden, oft auch von seinen Lieferanten und manchmal auch von seiner Bank.

Meinst du damit persönlich unabhängig von den Entscheidungen anderer Menschen?

Dann kommen wir der Sache schon viel näher. Du wirst zwar immer noch davon abhängig sein, welche Entscheidungen deine Mitarbeiter treffen oder ganz besonders davon, welche Entscheidungen deine Kunden treffen. Aber du kannst deren Entscheidungen natürlich wesentlich beeinflussen, indem du an deiner persönlichen Attraktivität arbeitest und es daher jedem möglichen Kunden leicht fällt, seine Entscheidung für dich, dein Produkt, deine Dienstleistung bzw. dein Unternehmen zu treffen.

Je attraktiver du bist, desto einfacher ist es für andere Menschen sich dafür zu entscheiden, deine Nähe zu suchen.

Je mehr du an dir selbst arbeitest und aufhörst andere Menschen ändern zu wollen, umso unabhängiger bist du. Je mehr du nämlich an deiner Frucht, deinem Output, deiner persönlichen Attraktivität arbeitest, umso mehr Menschen suchen freiwillig deine Nähe und du kannst dir daher immer mehr selbst aussuchen, mit wem du Geschäfte machen möchtest und mit wem nicht.

Unabhängigkeit ist daher nicht in erster Linie eine Frage der finanziellen Situation, sondern vielmehr eine Frage der eigenen Persönlichkeit. Arbeite daher immer an deiner Attraktivität, an der Entfaltung deiner einzigartigen Persönlichkeit – und du wirst sicherlich er*voll*greich sein.

20. Was bedeutet für mich persönliche Freiheit?

Viele Menschen sprechen von persönlicher Freiheit und wissen aber nicht recht, was das wirklich ist. Persönliche Freiheit und persönliche Unabhängigkeit sind nicht ein und dasselbe. Du kannst in einer sehr hohen Abhängigkeit von anderen Menschen leben und trotzdem persönliche Freiheit - in deinem Innersten - erleben.

Ich kann mich noch gut erinnern, als ich als 18-jähriger an einem Rednerwettbewerb teilgenommen habe. Man konnte sich das Thema nicht selbst aussuchen, wenn man in die Endauswahl gekommen war. Man hat mir für die Endentscheidung das Thema gegeben: „Die Freiheit des Einzelnen, eine Utopie?"

Das war so in der Mitte der 60er Jahre. Das war für viele ein Reizthema, so kurz nach dem zweiten Weltkrieg. Man wusste nicht recht, wie man mit der Freiheit des einzelnen Menschen umgehen sollte. Viele mussten sich erst an die neuen, veränderten Spielregeln der neuen Zeit gewöhnen. Heute muss ich darüber schmunzeln, wenn ich daran denke, dass man gerade mir dieses Thema zugespielt hat. Ja, ich habe mich inhaltlich gut auf den Vortrag vorbereitet, das Thema durchgedacht und durchgespielt und vielleicht war dies auch der Grund dafür, dass ich dann in den folgenden Jahren wirklich zu einem pionierenden Unternehmer geworden bin.

Als Pionier musst du unbedingt in „persönlicher Freiheit" leben können. Innerlich wissend und absolut davon überzeugt sein, dass du dein Leben zu leben hast und es nicht wichtig ist, was andere davon halten. Du darfst als Pionier deine Entscheidungen nicht von der Meinung anderer Menschen abhängig machen.

Pioniere tun Dinge, die andere Menschen nie tun würden, und nur deshalb werden sie Dinge schaffen, die andere Menschen nicht schaffen werden. Deshalb können sie auch Dinge erleben, die andere Menschen nie erleben werden.

Wenn ein Pionier diese „persönliche Freiheit“ nicht kennt, nicht besitzt und daher seine Entscheidungen immer wieder so setzt, dass er bei anderen Leuten nicht aneckt, dann ist er entweder kein Pionier oder er wird sicherlich nicht in der Lage sein, seine Vision in die Realität zu führen. Er kommt möglicherweise ein Stück vorwärts und hebt sich von anderen (risikoscheuen) Menschen ab, aber das Große und Gute, das er hätte schaffen können, findet nicht statt.

Ich weiß, wovon ich spreche, weil auch ich viel zu oft wegen der Meinung anderer Menschen unnötige Kompromisse gemacht habe und mir daher selbst im Weg gestanden bin.

21. Weiß ich, dass bei wirklich er*voll*greichen Menschen alles mit dem SEIN beginnt und nicht mit dem HABEN?

Ja, hier liegt ein großer Unterschied zwischen einem erfolgreichen und einem er*VOLL*greichen Menschen. Erfolgreiche Menschen schaffen oft gute Dinge und sie werden von der Welt erfolgreich genannt. In ihrem Innersten schaut es oft aber ganz anders aus.

Er*VOLL*greiche Menschen aber sind jene, die nicht nur Gutes schaffen, sondern Großartiges realisieren. Es ist eben ein großer Unterschied zwischen GUT und GROSSARTIG. Das Gute ist oft der größte Feind des Großartigen.

Er*voll*greiche Menschen beginnen nicht mit dem Haben. Sie schreiben sich nicht Habenziele auf, Ziele, was sie eines Tages alles besitzen möchten, haben möchten. Manche Menschen schreiben sich oft Jahrzehnte lang die gleichen HABEN-Ziele auf und haben sie immer noch nicht erreicht. Da wird man doch hinterfragen dürfen, wo dafür die Ursache liegen könnte?

Nein, wirklich er*voll*greiche Menschen wissen, dass alles mit dem SEIN beginnt und das HABEN dann eine automatische Folge ist.

Was willst du werden? Was willst du SEIN? Was ist dein Auftrag auf dieser Erde? Was ist der Platz, den Gott für dich vorgesehen hat in dieser Welt?

Das sind die entscheidenden Fragen, die sich wirklich er*voll*greiche Menschen stellen. SEIN-Ziele. Wenn du wiedermal beginnst, dir deine Ziele aufzuschreiben, dann beginne mit den SEIN-Zielen.

Denn aufgrund deines SEINS wirst du Dinge TUN. Und wenn du beginnst, die Dinge zu TUN, die deinem SEIN entsprechen, dann wirst du bei anderen Menschen eine immer stärkere Attraktivität haben, die dann zu einer ganz besonderen Anziehungskraft führt auf eine ganz bestimmte Gruppe von Menschen. Und wenn diese Menschen beginnen dir nachzulaufen, dann läuft dir das Geld nach und dann erfüllen sich deine HABEN-Ziele von selbst.

Jeder wirklich er*voll*greiche Unternehmer weiß das. Sein Er*voll*g hat damit begonnen, dass er für andere Menschen persönlich und mit seinem Angebot besonders attraktiv wurde – und alles andere war dann eine fast automatische Folge.

Also, wenn du in deinem SEIN lebst, dann bist du wirklich einzigartig, weil es keinen zweiten solchen Menschen wie dich gibt. Du spielst keine Rolle mehr, die andere auch spielen könnten. Nein, du bist DU. Einzigartig. Und mit diesem SEIN beginnt der Weg ins HABEN.

22. Kenne ich den Unterschied zwischen pleite sein und arm sein?

Das ist wirklich ein ganz großer Unterschied. „Pleite sein“ ist ein temporärer Zustand. Die Folge einer oder mehrerer Fehlentscheidungen. Aber nur temporär – meist ohne Geld.

„Arm sein“ aber ist ein Dauerzustand, weil es ein Geisteszustand ist. Arm sind Menschen, die sich in ihrem Denken und Handeln selbst begrenzen. Sie nutzen all die Möglichkeiten nicht, die uns das Leben auf dieser Erde oder diese Welt und ihr System des freien Unternehmertums bieten würde.

Sie denken Armut, sie denken Mangel, und daher kommen sie aus diesem Zustand auch nicht raus. Armut ist ein Geisteszustand, den man aber verändern kann. Armut kommt von ARM sein an MUT. Es fehlt dir an Mut etwas zu tun, was du eigentlich tun könntest und solltest, aber du traust dich nicht drüber. Du bist entmutigt worden von deiner Umgebung, deinen Onkeln und Tanten und manchmal auch von deinen Eltern. Ent-Mutigung heißt ja, jemanden den Mut nehmen, rauben.

Das ist kein Kavaliersdelikt mehr, wenn du andere Menschen entmutigst. Das ist in meinen Augen ein Kapitalverbrechen, weil du diesen Menschen ihre Zukunft raubst.

Ja, viele Menschen sind in der heutigen Zeit mutlos geworden. Entmutigt. Manche entmutigen sich auch selbst, weil sie ihre negativen Gedanken nicht im Griff haben und aus ihrem Hirn verbannen.

Manche haben auch das falsche Betriebssystem im Herzen. Sie haben kein Herz, das sehen kann, sie schauen mit den Augen durch die Gegend. Es gibt leider zu viele Schauer und zu wenige Seher. Man hat uns das auch in der Schule nicht gelehrt. Leider. Schauen tut man mit den Augen. Sehen tut man mit dem Herzen.

Viele haben als Antwort auf die Wünsche in ihrem Herzen: „Das kann ich mir nicht leisten." Und damit ist die Sache in der Schublade. Er*voll*greiche Menschen sagen nie: „Das kann ich mir nicht leisten." Sie fragen vielmehr: „Was muss ich tun, damit ich mir das leisten kann?" Und tun es einfach.

Armut ist ein Fluch, kein Segen. ARM-MUT kann doch nichts Gutes sein. Du bist doch auf diese Erde gekommen, um etwas zu bewegen. Ein Segen zu sein für andere Menschen. Arme Menschen sind kein Segen, weil sie nichts haben zum Geben. Leben heißt aber Geben, oder? Was willst du geben, wenn du selbst nichts hast, nicht einmal Mut? Du kannst nicht einmal eine Ermutigung sein für andere Menschen. Umdenken ist gefragt.

VISION (Geist)

bringt

FREUDE

bringt

POWER

bringt

DISZIPLIN

bringt

AUSDAUER

bringt

ERGEBNISSE

bringt den

DURCHBRUCH

23. Kenne ich den sichersten Weg, wie man am schnellsten zum Durchbruch kommt?

Viele Menschen wollen den Durchbruch. Sie warten schon lange drauf. Kennt jemand jemanden?

Den Durchbruch im Leben zu erleben, ist nicht eine Frage des Geldes, auch nicht eine Frage des Wissens oder Könnens, sondern vielmehr eine Frage der INNEREN Power eines Menschen.

Ich möchte dir hier in Kurzform eine kybernetische Wirkung aufzeigen, die ganz sicher automatisch zum Durchbruch führt. Wir kommen später nochmals zurück auf das Gesetz der Kybernetik.

Alles beginnt im Geist. Der Geist ist es, der lebendig macht, das Fleisch allein nützt nichts. Hast du sicher schon einmal wo gehört. Oder ein anderes unumstößliches Gesetz: Geist ist Ursprung aller Materie!

Es beginnt daher alles im Geist. In deinem Herzen, in deiner Vision, deiner gottgegebenen Berufung.

Je mehr du dich mit deiner Lebensvision und der Frage: „Was haben andere Menschen davon, dass es mich mit meiner Vision gibt?" beschäftigst, umso mehr Freude hast du in deinem Leben. Freude bringt Power. Automatisch. Wenn dir jemand die Freude gestohlen hat, hat er dir die Power gestohlen. Power führt zu Disziplin. Disziplin führt zu Ausdauer, Ausdauer führt zu Ergebnissen und Ergebnisse führen zum Durchbruch. Eine ganz automatische, kybernetische Wirkung – ein geistiges Gesetz.

Also der Ablauf ist folgender: **VISION (Geist)** - FREUDE - POWER - DISZIPLIN - AUSDAUER - ERGEBNISSE - DURCHBRUCH.

Wenn du dir also den Durchbruch wünschst, dann beginne nicht mit Disziplin, sondern mit Vision. Das ist der kybernetisch wirkungsvollste Punkt. Je mehr du dich mit deiner VISION beschäftigst, umso mehr Freude setzt sich frei.

Probier's doch einmal. Zieh dich zurück und visioniere – schriftlich: denke, plane, schreibe, zerlege in Schritte und beginne zu handeln, zu tun. Schritt für Schritt. Lieber kleine Schritte als keine Schritte.

Aber bereits das Schrittemachen wird dir sehr leicht fallen, wenn du weißt, WARUM du das tust.

24. Habe ich den Eindruck für die Selbstständigkeit schon zu alt oder noch zu jung zu sein?

Mein lieber Freund, du bist weder zu alt noch zu jung. Du bist gerade rechtzeitig dran Dinge zu tun, die du noch nie getan hast. Dann wirst du Dinge erleben, die du noch nie erlebt hast.

„Ja, aber was ist, wenn ich einen Fehler mache?", fragte jemand. Wo ist das Problem damit? Fehler sind meist keine Fehler. Sie werden nur von Außenstehenden so genannt. Fehler sind Ausbildungsmodule, die dich weiterbringen, weil du daraus etwas lernst, oder? Praktische Ausbildung. Wenn du dem Fehlermachen aus dem Weg gehst, dann wirst du nicht besonders weiterwachsen. Ja, man kann natürlich auch lernen von den Fehlern anderer, aber das ist nicht das Gleiche, wie die eigene persönliche Erfahrung. Lebenserfahrung.

Wenn du immer von den Fehlern anderer lernen möchtest, machst du schon wieder einen Fehler, weil du schließlich nicht der andere bist, sondern ein einzigartiger Mensch. Und daher brauchst du auch einzigartige Erfahrungen. Sei bereit Fehler zu machen. Du wirst daraus lernen, weiterwachsen, immer besser werden und eines Tages bist du ein „erfahrener Unternehmer", der anderen Menschen wieder Mut machen kann, auch bereit zu sein, ihre eigenen Erfahrungen zu machen. Dazu braucht es oft Mut.

„Ja, aber was ist, wenn ich Konkurs mache?", hat mich einer gefragt. Es gibt auch ein Leben nach dem Konkurs – das manchmal besser ist als vorher. Ich kenne das aus eigener Erfahrung.

Junge Menschen sollten selbstständige Unternehmer werden, damit sie Dinge lernen können, die man als „risikoscheuer Angestellter“ nie lernen kann. So wachsen Unternehmer-Persönlichkeiten heran, die unser Land dringend braucht.

Menschen in der zweiten Lebenshälfte – so jenseits von 50 – sollten sich nochmals selbstständig machen und Unternehmer werden, damit sie endlich das umsetzen können, was sie in einem erfahrungsreichen Leben gelernt haben. Und für junge Menschen Arbeitsplätze schaffen, damit auch diese in das Berufsleben einsteigen können, um weiterzuwachsen. Das ist unsere Aufgabe im fortgeschrittenen Alter.

Banker sollten junge Menschen finanzieren, damit sie Fehler machen können. Banker sollten aber besonders auch ältere Menschen finanzieren, damit sie endlich tun können, wofür sie eigentlich berufen sind. Banker sollten nicht sagen, dass du zu alt wärst. Denn die Finanzierung wäre wirklich eine gute Kapitalinvestition für unser Land.

25. Weiß ich auch, dass Ervollg immer zu Hause beginnt?

Ja, auch ich weiß das aus eigener Erfahrung, in vielerlei Hinsicht und auf verschiedenen Ebenen.

Meine Eltern waren zwar keine Unternehmer, aber sie haben mir und meinem Bruder auch keinerlei Schwierigkeiten gemacht, als wir (mein Bruder und ich) aus einer kleinen Landwirtschaft eine Tischlerei gemacht haben. Zwar sehr zum Leidwesen meines Vaters – er musste auf seine geliebten Kühe verzichten, aber er hat uns das nicht spüren lassen.

Meine Frau Monika und ich haben auch alles getan, damit unsere Kinder schon zu Hause lernten, ihr Leben selbst in die Hand zu nehmen. Als sie noch klein waren, haben wir begonnen mit unseren Kindern über ihre Träume, Visionen und Ziele zu reden. Träume, Visionen und Ziele, das waren und sind immer noch geflügelte Worte in unserem Hause.

Gott gab dir ein Samenkorn.

Einen Traum.

Eine einzigartige Konstellation von

Talenten, Potenzialen

und Fähigkeiten.

Eine himmlische Fertigexistenz

für dein Leben.

Deine gottgegebene Berufung.

Meinem Sohn Karl Michael gab ich schon als Teenager viele Audio-Aufzeichnungen (seinerzeit Kassetten) zu hören und abzuschreiben, damit die unternehmerische Botschaft in sein Herz fallen konnte.

Markus habe ich als 16-jährigen in meine Schule genommen und ein Jahr lang in der „Pilsl Business Academy" als einzigen Studenten ausgebildet und er war mit 19 schon ein leitender Angestellter in einem exportorientierten Unternehmen und ist seit seinem 22. Lebensjahr selbstständiger Unternehmer.

Sebastian hat schon mit 17 sein eigenes IT-Unternehmen in den USA gegründet und ist bis heute sehr er*voll*greich mit dem, was er ist und tut.

Matthias wollte Pilot werden und wir haben ihn dazu wirklich ermutigt, aber auch „Aviation-Business" zu studieren in den USA, was er mit großer Auszeichnung absolvierte. Auch er ist heute Unternehmer mit mehreren Projekten.

Benjamin hat ebenfalls schon mit 17 in den USA seinen Highschool-Abschluss gemacht, um dann umgehend in das Familienbusiness einzusteigen und um dann später mit seinem Bruder Sebastian zusammen ihren eigenen Verlag „entfalt media GmbH" zu gründen.

Unsere Tochter Angelika hat sich aufs „Familien-Management" konzentriert, ganz wie ihre Mutter.

Wenn du bereits in jungen Jahren die unternehmerischen Samenkörner ausstreust bzw. bereit bist in dein Herz (Ackerboden) hineinzulassen, dann ist unternehmerisches Denken eine automatische Folge.

Modul 3: Zu meiner naturkonformen Strategie

1. Weiß ich, dass alles mit einem Samenkorn beginnt?

Das ist eine der größten Erkenntnisse meines Lebens. Gott gibt nicht die Ernte, er gibt das Samenkorn und die Gebrauchsanleitung dazu. Und wenn du der Gebrauchsanleitung folgst, ist die Ernte die automatische Folge.

Viele Menschen warten auf die Ernte, und beten für die Ernte, und hoffen auf die Ernte … Aber sie tun nichts mit dem Samenkorn.

Gott gibt das Samenkorn. Jeder Bauer weiß das. Er nimmt das Samenkorn und verbindet es mit fruchtbarem Ackerboden. Bevor das nicht geschieht, gibt es keine Entwicklung, kein Wachstum und auch keine substanzielle Hoffnung auf die Ernte. Nachdem er gesät hat, beginnt er zu hegen und zu pflegen – und auch zu beten, wenn er davon überzeugt ist.

Jeder Mensch beginnt mit einem Samenkorn. Der Vater empfängt es von Gott, bringt es auf „fruchtbaren Boden" – also er folgt der Gebrauchsanleitung und die Geburt des Kindes ist nur mehr eine Frage der Zeit. Hast du das gewusst?

Wenn das Samenkorn nicht in die Erde fällt und stirbt, bleibt es allein. Wenn es aber in die Erde fällt und sich mit dem Ackerboden verbindet (hineinstirbt), bringt es reiche Frucht. So steht es schon in der Bibel. Und das gilt heute noch genauso wie vor 2000 Jahren – und solange die Erde besteht.

Was hat das jetzt mit dir zu tun? Sehr viel.

Gott gab dir ein Samenkorn. Einen Traum. Eine einzigartige Konstellation von Talenten, Potenzialen und Fähigkeiten. Eine himmlische Fertigexistenz für dein Leben. Deine gottgegebene Berufung. Und die Gebrauchsanleitung dazu.

Die alles entscheidende Frage ist nun: Was tust du damit? Folgst du der Gebrauchsanleitung? Oder wartest du auf ein Wunder?

Freunde, das Samenkorn **ist** dein Wunder. Wenn du der Gebrauchsanleitung folgst und beginnst deinen Traum zu realisieren, deine Fertigexistenz (Samenkorn) in die Herzen (Ackerboden) anderer Menschen zu implementieren (säen), dann wirst du viele Wunder erleben, weil du begonnen hast sie zu wirken.

Wenn du aber nichts tust mit deinem Traum, oder dieses Samenkorn auf einen Ackerboden bringst, der dafür nicht vorgesehen ist (dich mit den falschen Menschen/Zielgruppe beschäftigst), dann wartest du auch umsonst auf die Ernte (Realität).

2. Was verstehe ich unter der „naturkonformen Strategie"?

Viele Menschen versuchen Projekte umzusetzen und missachten dabei alle bzw. viele Gesetzmäßigkeiten, die Gott eingerichtet hat, damit es uns Menschen auf dieser Erde gut geht. Und dann wundern sie sich, warum sie im Leben nicht weiterkommen oder Jahr für Jahr die gleichen Probleme produzieren.

Es gibt Gesetzmäßigkeiten zwischen Himmel und Erde, die können wir nicht ändern – aber viele Menschen kennen sie nicht. In der Schule hat man uns darüber nichts gelehrt. Man hat uns lieber vollgestopft mit Information, die wir später nie brauchen werden, anstatt uns zu zeigen bzw. zu lehren, wie die Gesetzmäßigkeiten der Schöpfung, der Natur, des Geistes, des Lebens, des Universums funktionieren.

Wenn du die Straßenverkehrsordnung nicht kennst, kannst du dich noch so bemühen ein unfallfreies Leben zu führen, es wird dir nicht gelingen.

Genauso ist es mit den unumstößlichen Gesetzmäßigkeiten des Universums, die unser Schöpfer, liebender Vater, Chef des Universums, für uns eingerichtet hat. Wie können wir uns daran halten, wenn wir sie nicht kennen. Und daher bauen wir Menschen immer und immer wieder „Unfälle", die absolut unnötig wären. Und manche fragen sich bis ans Lebensende: „Warum nur, warum?"

Die naturkonforme Strategie ist „Unternehmensführung" und „Lebensführung" nach diesen unumstößlichen Gesetzmäßigkeiten. Wer sie kennt und danach handelt, wird Leben haben in Fülle.

Wer sie nicht kennt und einfach dahinlebt, versuchend möglichst „unfallfrei" durchs Leben zu kommen, wird immer wieder von Ereignissen überrascht werden, die er sich nicht gewünscht hat.

Wer sie kennt aber nicht danach handelt, wird ein Problem nach dem anderen produzieren, er wird nicht attraktiv sein für andere Menschen, er wird nicht viele Freunde haben (oder keine) und er wird eines Tages einen Lebensabend in Einsamkeit leben müssen – und für sein nicht besonders gutes Leben immer anderen Menschen die Schuld geben.

Es lohnt sich wirklich, die Gesetzmäßigkeiten des Lebens, des Geistes, der Natur, der Schöpfung bzw. des Universums – wie immer du das auch nennen magst – kennenzulernen und danach zu handeln. Es bringt Leben in Fülle.

3. Habe ich eine Freude daran, anderen Menschen von meinen Produkten und Dienstleistungen zu erzählen?

Manche Leute meinen, um er*voll*greich zu sein, müsste man ein guter Verkäufer sein. Das mag stimmen, wenn du etwas anzubieten hast, was andere Menschen nicht wirklich brauchen bzw. wollen.

Ein Mensch mit

Hingabe, Ausdauer und

Entschlossenheit bringt mehr

zustande als

1000 Menschen zusammen,

die an einer Sache

nur interessiert sind!

Wenn du aber etwas anzubieten hast – eine Frucht hervorbringst – die für andere Menschen hoch attraktiv ist, dann wirst du nichts verkaufen müssen, weil die Menschen dir es gerne abkaufen. Ein großer Unterschied, ob dir jemand etwas abkauft, oder ob du es verkaufen musst oder gar vertreiben.

Du kannst aber die besten Früchte haben, die besten Produkte, Dienstleistungen oder Problemlösungen für andere Menschen – wenn es keiner weiß, kann dir auch niemand etwas abkaufen.

Daher ist die Frage so wichtig:

Hast du Freude daran, anderen Menschen von deinen Produkten und Dienstleistungen zu erzählen?

Bist du so begeistert von dem, was du anzubieten hast, dass du den Mund gar nicht halten kannst?

Bist du vom Nutzen deines Angebotes für deine Zielgruppe so stark überzeugt, dass du mit einer großen inneren Sicherheit auf andere Menschen zugehst, weil du davon überzeugt bist, dass es „unterlassene Hilfeleistung" wäre, wenn du es ihnen nicht erzählst?

Sprudelt es aus dir nur so heraus, weil dein Herz voll ist davon? Du weißt ja: Wessen das Herz voll ist, geht der Mund über.

Womit ist dein Herz voll? Lebst du in der Sache oder ist das, was du tust, für dich nur eine Geschäftsmöglichkeit?

Brennst du für deine Vision und den Nutzen, den andere Menschen von deiner Vision haben, oder versuchst du nur reich zu werden – vielleicht sogar auf Kosten anderer?

Wenn du der beste „Botschafter deiner Frucht" bist, vielleicht sogar selbst die attraktive „Frucht in Person" bist, dann brauchst du dir um deine Zukunft keine Sorgen zu machen.

4. Kenne ich den Unterschied zwischen Attraktivität und Produktivität?

Viele Menschen arbeiten an ihrer Produktivität. Sie möchten gerne so produktiv wie möglich sein und fragen sich eigentlich nicht, wie attraktiv das, was sie produzieren, für andere Menschen wirklich ist.

Es beginnt alles bei deiner Attraktivität. Bei der Frage: „Was haben andere Menschen davon, dass es mich gibt?"

Die Voraussetzung für deine Attraktivität ist natürlich dein persönlicher „Zustand". Wenn du nicht gut drauf bist, wird es schwierig sein, für andere Menschen wirklich attraktiv zu sein.

Aber wenn du mit deiner anzubietenden Problemlösung höchst attraktiv bist für andere Menschen, dann löst du wieder den kybernetischen Automatismus aus.

Das funktioniert dann weitgehend automatisch, wie folgt:

Je höher deine Attraktivität, umso höher ist deine Anziehungskraft. Je größer deine Anziehungskraft, umso größer ist die Nachfrage nach dir und deinen Problemlösungen. Diese Nachfrage führt zu größerer Stückzahl. Diese größere Stückzahl führt zu größerer Produktivität. Diese größere Produktivität bringt eine Kostendegression, diese führt automatisch zu höherem Gewinn und dieser automatisch zu besserer Liquidität und zu mehr Bewegungsspielraum und wieder zu schnellerem Wachstum usw.

Das ist das Gesetz der Kybernetik und niemand wird das je außer Kraft setzen können.

Ich habe in den letzten 30 Jahren diese Gesetzmäßigkeiten mehr als 150.000 Menschen in Live-Vorträgen mitgeteilt – den höchsten Vorstandsdirektoren der deutschen Wirtschaft, Professoren auf der Uni, allen Arten von Unternehmern und Führungskräften usw. – und niemand konnte es widerlegen.

Es geht um Attraktivität auf dieser Welt und nicht in erster Linie um Produktivität. Denn diese ist eine automatische Folge der Attraktivität.

Das ganze Leben ist ein Wettbewerb der Attraktivität. Das beginnt schon in der Kindheit, setzt sich fort in der Jugend, privat und beruflich und gilt natürlich auch im wirtschaftlichen Leben.

Wo die Attraktivität ist, ist in der Regel auch die Produktivität zu Hause.

5. Weiß ich, was Attraktivität kostet und was Attraktivität bringt?

Viele Menschen leben einfach so dahin und tun Dinge, ohne sich jemals zu fragen, was das für andere Menschen bedeutet.

Welche Auswirkungen hat mein Denken, mein Reden, mein Handeln auf meine Attraktivität und auf die Attraktivität meiner Problemlösungen, meines Angebotes, meiner Mitarbeiter und Geschäftspartner usw.?

Wenn deine Mitarbeiter oder Geschäftspartner nicht attraktiv sind, weil das, was sie von dir hören oder mit dir erleben, auch ihnen an persönlicher Attraktivität kostet, dann wird es schwierig werden, er*voll*greich zu sein.

Der Mensch ist ja grundsätzlich sehr attraktiv – von Geburt an schon. Als du den Mutterleib verlassen hast, warst du so attraktiv für deine Umgebung, dass alle freiwillig mit Begeisterung in die Geburtsklinik kamen, um dich zu bewundern, zu betrachten, zu knutschen, zu halten usw. Höchste Attraktivität – alle kommen freiwillig zu dir. Aber dann …

… wirst du mitgenommen nach Hause und dann beginnt ein stetiger Attraktivitätsverlust – schleichend, nichts ahnend und ungewollt verlieren wir an Attraktivität. Warum?

Weil wir dann im Aufwachsen – von Familie zu Familie natürlich unterschiedlich schnell – mit Dingen konfrontiert werden, die uns Attraktivität kosten. Wir lernen einen Lifestyle, ein Verhalten, eine Denk- und Redensart, die für andere Menschen nicht besonders attraktiv ist.

Was kostet mir Attraktivität: Ich mache es ganz kurz und vielleicht haben wir später nochmals die Möglichkeit uns näher darüber zu unterhalten:

Egoismus, Misstrauen, Angst und Sorge, negatives Reden, Eifersucht, Neid, Streitsucht, Kritiksucht, Rechthaberei usw.

Das alles kostet dir viel Attraktivität.

Und was Attraktivität kostet, kostet dir auch viel Geld. Weil die Menschen/ Kunden um dich herum einen Bogen machen.

Was bringt Attraktivität: Ich mache es wieder ganz kurz:

Liebe, Freude, Dankbarkeit, Loben, Humor, Atmosphäre schaffen, Frieden stiften – um wieder nur ein paar zu nennen.

Denk einmal darüber nach.

6. Was haben andere Menschen davon, dass es mich gibt?

Ja, das ist die zentrale Frage des Lebens. Was haben andere Menschen davon, dass es mich gibt? Als ich vor ca. 20 Jahren begonnen habe, diese Frage zu stellen, zuerst mir und dann auch in meinen Vorträgen, begann eigentlich der er*voll*greiche Aufschwung in meinem Leben.

Menschen haben begonnen mir gerne zuzuhören. Menschen haben begonnen sich aufgrund dieser herausfordernden Fragestellung selbst diese Frage zu stellen. Und du weißt ja, wenn du deine Fragestellung veränderst, verändern sich auch die Antworten, die du im Leben bekommst.

Tausende Briefe, E-Mails und Feedbacks kamen seither zu mir, meiner Frau, in unser Büro usw., die uns informierten, wie sich das Leben unserer Kunden, Fans, Leser, Zuhörer usw. zum Positiven verändert hat, nur weil sie begonnen haben, sich diese Frage zu stellen.

Was hat meine Frau davon, dass es mich gibt? Davon hängt ab, ob wir glücklich verheiratet sind oder nicht.

Was haben meine Kinder davon, dass es mich gibt? Davon hängt ab, ob wir eine glückliche Familie sind oder nicht.

Was hat mein Chef davon, dass es mich gibt? Davon hängt ab, ob ich der Erste bin, der gekündigt wird oder der Letzte.

Was haben meine Mitarbeiter davon, dass es mich gibt? Davon hängt ab, ob die besten Talente der Branche in meinem Hause arbeiten oder bei der Konkurrenz.

Was haben meine Kunden davon, dass es mich gibt? Davon hängt ab, ob sie bei mir kaufen oder wo anders.

Was haben meine Nachbarn davon, dass es uns gibt? Davon hängt ab, ob wir in friedlicher Nachbarschaft leben oder in meiner Siedlung die Luft so dick ist, dass du sie schneiden kannst.

Liebe Freunde, das ist die Fragestellung des Lebens:

Was haben andere Menschen davon, dass es dich (mit deiner Vision, deinen Talenten, deinem Denken und Handeln, deinen Problemlösungen, deinem Wissen, deiner Persönlichkeit usw.) gibt?

Alles andere ist automatische Folge.

7. Bin ich immer wieder versucht im Leben sogenannte „Shortcuts“ (Wegabkürzungen) zu nehmen?

Ich weiß es aus eigener Erfahrung. Manchmal ist man sehr stark versucht, Shortcuts zu nehmen, weil man schnell dort ankommen möchte, was man vor seinem geistigen Auge (Vision) sieht.

In meinem Leben habe ich viel zu oft versucht, diese Shortcuts zu nehmen, weil ich mir dachte, ich sei eine Ausnahmeerscheinung in diesem Universum und daher würden für mich gewisse Spielregeln nicht gelten. Welch Irrtum.

Viele Probleme hätte ich mir ersparen können, wenn ich manchmal – oder öfters – geduldiger gewesen wäre. Wenn ich mir bewusst gewesen wäre, dass es ohne organisches Wachstum keine Nachhaltigkeit gibt.

Ich weiß nicht, wie es dir geht, aber ich kämpfe immer noch stark mit Ungeduld, obwohl es schon viel besser geworden ist.

Meine Gebete haben teilweise geholfen, wenn ich Gott anflehte und sagte: „Herr schenk mir Geduld, aber schnell." Schnell ging es meistens nicht, aber ich bin gewachsen, auch in diesem für einen Pionier/Visionär sehr schwierigen Bereich.

Eines ist sicher: Wir können viele Dinge genauso wenig beschleunigen, wie ein Bauer das Wachstum auf seinem Acker nicht wirklich beschleunigen kann. Es gibt Zeiten, Saisonen, Prozesse, Entwicklungen, die müssen eben ihren Lauf gehen und brauchen dafür ihre Zeit. Ob uns das gefällt oder nicht, das ist hier nicht die Frage.

Und Gott denkt auch nicht daran, für dich – oder für mich – eine Ausnahme zu machen. Er hat diese Wachstumsgesetze eingerichtet, damit die Dinge auch wirklich funktionieren und wir nicht so viele Möglichkeiten haben, Dinge mit unserer Ungeduld vorzeitig zu zerstören.

Und außerdem bin ich draufgekommen, dass Gott auch möchte, dass wir dazwischen immer wieder genügend Zeit haben, unser Leben zu genießen. Daher schaut er – aus Liebe zu uns – auch darauf, dass manches einfach etwas dauert. Verstehst du?

Diese Erkenntnis hat mir sehr geholfen. Daher lerne ich immer mehr, geduldig zu sein und das Leben dazwischen zu genießen.

8. Kenne ich wirklich meine Ausgangsbasis, meine wahre, ehrliche Ist-Situation?

Viele Menschen kommen im Leben nicht weiter, weil sie ihre Ausgangsbasis nicht wirklich kennen. Sie machen sich selbst etwas vor, negativ wie auch positiv.

Manche Menschen überschätzen sich, sie bilden sich ein etwas Besseres zu sein und kommen deshalb nicht dort an, wo sie gerne ankommen möchten.

Andere Menschen wiederum unterschätzen sich, sie haben Minderwertigkeitsgefühle, denken sie wären es gar nicht wert das tun zu dürfen, erleben zu dürfen usw. und kommen daher deshalb nicht dort an, wo sie eigentlich gerne hinkommen möchten.

Viele Menschen wissen zwar wohin sie wollen, aber sie wissen nicht, wo sie gerade sind.

Ich könnte jetzt zu meinem Auto gehen und im Navigationsgerät der „Dame im All" mitteilen, dass ich gerne nach Wien möchte, in die Mariahilfer Straße 77. Ich weiß genau, wohin ich will, gebe eine klare Anweisung, wohin ich will, aber die „Dame im All" kann mir trotzdem nicht helfen, wenn sie nicht herausgefunden hat, wo ich gerade mit meinem Auto stehe.

Solange sie meinen Ausgangspunkt nicht kennt, kann sie nicht sagen: „In 200 Meter rechts abbiegen." Stimmt's?

Genauso ist es bei Menschen. Solange du nicht weißt, wo du wirklich derzeit stehst, kann dir auch niemand helfen. Du kannst dir auch selbst nicht wirklich helfen, weil du nicht weißt, ob du rechts oder links abbiegen bzw. gehen sollst, ob du dieses oder jenes als nächsten Schritt tun sollst, ob du …

Viele Menschen denken auch viel zu viel darüber nach, welche Hindernisse auf dem Weg kommen könnten, wenn man nach rechts abbiegt. Welche Fehler man machen könnte, wenn man links fährt usw.

Viele Menschen hören viel zu viel auf die Meinung anderer, obwohl die anderen nun überhaupt nicht wissen können, wo du gerade in deinem Leben stehst.

Wenn man im Labyrinth des Lebens steht, ist es immer gut, wenn man nach oben schaut und sich von oben her leiten lässt. Denn Er, der von oben runterschaut, sieht den Weg, der in die Freiheit führt, ganz genau. Und wenn du auf seine Stimme (deine innere Stimme) hörst, kommst du sicher ans Ziel.

Wir sind alle großartig,

wenn wir uns auf das

konzentrieren,

wo unsere Einzigartigkeit

wirklich liegt.

9. Kenne ich meine Einzigartigkeit und bin ich überzeugt davon, dass ich wirklich einzigartig bin?

Die meisten Menschen machen den Fehler, dass sie sich immer mit anderen Menschen vergleichen. Wenn du beginnst, dich mit anderen Menschen zu vergleichen, egal ob äußerlich, bezüglich Talente, bezüglich Bildung, bezüglich Vergangenheit, bezüglich Know-how, Wissen oder bezüglich Beziehungen, wirst du immer den Kürzeren ziehen.

Es gibt immer Menschen, die in gewissen Bereichen besser sind als wir. Wenn man das überhaupt so sagen kann. Denn: Was ist schon besser?

Wir sind alle einzigartig. Anders als die anderen. Wir sind alle großartig, wenn wir uns auf das konzentrieren, wo unsere Einzigartigkeit wirklich liegt.

Am aller unwichtigsten ist unser Äußeres. Es heißt doch: Der Geist ist's, der lebendig macht, die Hardware alleine nützt nichts.

Du hast sicherlich schon Menschen gesehen, die viel schöner oder hübscher oder fescher oder ... sind als alle anderen. Aber wenn sie dann den Mund öffnen, verlieren sie sofort an Attraktivität.

Du hast sicherlich schon Menschen gesehen, die rein äußerlich überhaupt nichts hergeben, weder körperlich noch was die Kleidung betrifft usw. Aber wenn sie den Mund öffnen, gewinnen sie von Minute zu Minute an Attraktivität. Und damit an Anziehungskraft.

Unsere Einzigartigkeit liegt insbesondere in unserem Innersten, in unseren Talenten und Fähigkeiten, in unseren Träumen, Visionen und Zielen, in unseren bisher gemachten Erfahrungen, in unseren einzigartigen Beziehungen zu gewissen Menschen, in unserem bisherigen Werdegang, in unserer momentanen Ausgangssituation usw.

Du bist wirklich einzigartig. Bist du davon überzeugt? Nicht alle Menschen werden – und müssen auch nicht – deine Einzigartigkeit erkennen. Du brauchst auch nicht allen Menschen gefallen. Versuche das nicht, das kann nur frustrieren.

Aber eines ist sicher: Du bist einzigartig und deine Zielgruppe – jene Menschen, für die du bestimmt bist, – wird es ganz sicher erkennen, wenn du dich selbst auch mehr und mehr darauf konzentrierst.

10. Habe ich die Fähigkeit an einer Sache dran zu bleiben, bis die Erntezeit kommt?

Viele Menschen – wie bereits erwähnt – sind sehr ungeduldig und können daher den Wachstumsprozess nicht wirklich genießen.

Was hältst du von einem Bauer, der im März sein Samenkorn pflanzt, aber im April den Acker verlässt, weil noch nichts sichtbar ist? Weil man noch nichts sieht, meint er, dass es nichts wird und läuft zum nächsten Acker.

Viele Menschen tun das in ihrem beruflichen Leben, mit ihren Träumen, Visionen und Zielen. Kennst du jemanden? Das ist dumm.

Was hältst du von einem Bauer, der im März sein Samenkorn pflanzt, im April ist er noch geduldig und weiß, dass es ja nicht so schnell gehen kann, aber im Mai wird er dann ungeduldig? Er sieht dort und da Grünes hervorkommen, freut sich darüber, weil es für ihn ein Beweis ist, dass was draus wird. Aber dann geht es ihm nicht schnell genug und er beginnt am kleinen, grünen Gras zu ziehen und ruiniert wieder alles.

Du weißt doch: Das Gras wächst nicht schneller, wenn man daran zieht.

Viele Menschen tun das, wenn es um ihre Träume, Visionen und Ziele geht. Sie werden ungeduldig, beginnen daran zu ziehen, wollen vieles beschleunigen durch ungeeignete Maßnahmen und zerstören oder beeinträchtigen damit ihr gesamten Projekt.

Sei geduldig. Bleib dran. Lerne den Wachstumsprozess zu genießen. Kürzlich sagte jemand zu mir: „Ist Gott nicht gut: Er lässt uns teilhaben an den wunderschönen Baumblüten, er lässt uns zuschauen, wie die Äpfel immer größer werden und rot werden und er schenkt uns damit so viele schöne Augenblicke und Stunden, wenn wir gelernt haben, das auch zu betrachten und zu genießen."

Gott könnte auch gleich die fertigen Äpfel über Nacht auf den Baum hängen. Wäre für IHN, den Allmächtigen, sicherlich kein Problem, oder?

Aber Er hat sich dafür entschieden, etwas von einem Samenkorn ausgehend, langsam aber sicher wachsen zu lassen. Grün, aufblühen, blühen, Frucht formen und reifen lassen. Ist das nicht herrlich?

Ich musste das auch erst lernen im Laufe der Jahrzehnte. Und ich bin immer noch beim Lernen. Es ist so herrlich, zusehen zu dürfen, wie etwas wächst und fruchtbar wird.

11. Möchte ich eine Sache zum Durchbruch bringen, oder habe ich immer mehrere Eisen im Feuer?

Die Power der Konzentration führt zum Durchbruch. Die meisten Menschen sind verzettelt, weil sie sich mit zu vielen verschiedenen Dingen gleichzeitig beschäftigen. Sie möchten gleichzeitig mehrere Projekte realisieren, mehrere Ziele erreichen, auf mehreren Hochzeiten tanzen. Aber das bringt nicht viel.

Man kann ein Projekt nach dem anderen zum Durchbruch führen, aber mehrere gleichzeitig ist eine Energie raubende Sache.

Da ist gewaltige Power im Fokus. Möglichst fokussiert auf den kybernetisch wirkungsvollsten Punkt.

Die meisten Menschen haben immer mehrere Eisen im Feuer - manche sind auch noch stolz darauf und wundern sich, warum sie in keiner Sache wirklich weiterkommen.

Die stärkste Waffe unseres Feindes ist jene, uns zu verzetteln.

Uns zu verwirren mit viel Information, vielen Dingen gleichzeitig, die wir aufnehmen sollten, vielen verschiedenen Chancen und Möglichkeiten, die uns präsentiert werden - so haben es unsere Feinde am einfachsten, uns von dem abzuhalten, was wirklich unser Auftrag ist.

Und wenn wir das zulassen, verhindern wir selbst unseren Durchbruch.

Da ist gewaltige Power

im Fokus.

Möglichst fokussiert

auf den

kybernetisch wirkungsvollsten

Punkt.

Es ist sicherlich sehr gut, wenn du mal dein Feuer checkst und nachschaust, wie viele Eisen du drinnen hast. Wie viele Eisen du warmhalten musst mit deiner Energie, deinem Feuer im Herzen und ob es nicht viel besser wäre, dein Feuer auf ein Eisen zu konzentrieren.

Denke an das Vergrößerungsglas, das Brennglas. Mit diesem Brennglas – es steht für deine Vision – kannst du sogar einen Bauernhof in Brand setzen, wenn du den Energiestrahl, der unter dem Brennglas entsteht, auf den leicht entflammbaren Strohhaufen in der Nähe der Scheune konzentrierst. Das ist in diesem Falle der kybernetisch wirkungsvollste Punkt.

Wenn du aber diesen Energiestrahl alle paar Minuten auf ein anderes „Projekt" konzentrierst, dann passiert überhaupt nichts, obwohl du deinen Durchbruch buchstäblich in deinen Händen hättest.

12. Weiß ich, was Strategie wirklich bedeutet?

Strategie ist die Fähigkeit eines Menschen, mit der ihm zur Verfügung stehenden Energie die höchstmögliche Wirkung zu erzielen.

Oder anders gesagt: Strategie ist die Fähigkeit, mit geringstmöglicher Energie die höchstmögliche Wirkung zu erzielen.

Strategie ist sonst nichts als effektiver und effizienter Energieeinsatz.

Wir haben das ja schon mal erwähnt: Effektivität ist, das Richtige zu tun am richtigen Ort zur richtigen Zeit. Effizienz ist, es richtig zu tun.

Und nun stell dir mal vor, wenn du das Richtige richtig tust ... Und das noch dazu am richtigen Ort zur richtigen Zeit?

Ich habe schon mehrmals in meinem Leben das Richtige getan zur richtigen Zeit, aber am falschen Ort. Es war ein Fiasko.

Ich habe auch schon mehrmals in meinem Leben das Richtige getan am richtigen Ort, aber zur falschen Zeit. Auch das war ein Fiasko.

Das Gesetz der Kybernetik

ist genauso unumstößlich wie

das Gesetz der Schwerkraft.

Genauso unumstößlich wie

das Gesetz von Saat und Ernte.

Stell dir vor: Der Bauer sät im Januar am richtigen Acker das richtige Samenkorn. Der Ackerboden wäre zwar der richtige gewesen, aber im Januar hat das Timing nicht gestimmt – der Ackerboden war zugefroren.

Dann kommt der März. Jemand sagt zum Bauer: „Du musst jetzt auf diesem Acker das Samenkorn säen." Der Bauer würde sagen: „Das habe ich schon im Januar probiert, das funktioniert nicht. Mach ich nicht mehr." Was würdest du von einem solchen Bauern halten?

Der Bauer weiß: Wenn er seine Energie zur richtigen Zeit auf das richtige Samenkorn und den richtigen Ackerboden konzentriert, dass dann die Ernte eine automatische Folge sein wird.

Stell dir vor, was passiert: Du tust das Richtige zur richtigen Zeit am richtigen Ort und konzentrierst deine Energie – dein Leben – darauf. Was da alles möglich wird!

Das nennt man Strategie.

13. Kenne ich das Gesetz der Kybernetik?

Wir haben schon viel über das Gesetz der Kybernetik gesprochen. Leider wissen immer noch 95 % der Menschen überhaupt nicht, dass es dieses Gesetz gibt, oder wissen nicht, was das bedeutet. Man hat uns in der Schule nichts davon gesagt. Sollten wir nicht erfahren, wie man in die absolute persönliche Freiheit kommt auf dieser Erde? Denn Menschen, die frei sind, über die kann man schwer regieren. Daher …

Das Gesetz der Kybernetik ist genauso unumstößlich wie das Gesetz der Schwerkraft. Genauso unumstößlich wie das Gesetz von Saat und Ernte.

Das Gesetz der Schwerkraft konnte man uns in der Schule nicht verheimlichen. Das Gesetz von Saat und Ernte hat man auf die Landwirtschaft reduziert und vom Gesetz der Kybernetik hat man uns überhaupt nichts gesagt.

Wenn du das Gesetz der Kybernetik

- zu deinem Betriebssystem machst und
- dich auf die Frage konzentrierst: Was haben andere Menschen davon, dass es dich gibt?
- und dein Leben hingibst als „(Problem)-Lösegeld für viele Menschen"
- und dich voll darauf konzentrierst, das Leben der Menschen um dich herum, insbesondere deiner Zielgruppe (Lebenspartner, Kinder, Mitarbeiter, Kunden ...) einfacher zu machen,
- dann beginnt dieses Gesetz der Kybernetik für dich so richtig wirksam zu werden.

Die Dinge beginnen in deine Richtung zu laufen, zu fließen, sich zu bewegen, weil deine Attraktivität dadurch – wie bereits besprochen – gewaltig steigt.

Und wenn deine Attraktivität steigt, steigt deine Anziehungskraft automatisch, dies führt – wieder automatisch – zu einer größeren Nachfrage, diese wiederum zu einer größeren Stückzahl, diese wiederum zu einer schnelleren Kostendegression und diese wieder – automatisch – zu einem höheren Gewinn. Daraus resultieren automatisch eine höhere Liquidität und eine höhere Bewegungsfreiheit für die weitere Entwicklung.

Du kannst das nicht oft genug hören bzw. lesen. Es verändert dein ganzes Leben zum Positiven, wenn du beginnst, in dieser Gesetzmäßigkeit zu leben.

Wie schon gesagt: Das Gesetz der Kybernetik funktioniert sowohl im privaten, persönlichen Bereich wie auch im wirtschaftlichen Bereich, im beruflichen Bereich, im sozialen Bereich, im politischen Bereich und würde auch im kirchlichen Bereich funktionieren.

14. Weiß ich auch, wie das Minimumfaktor-Gesetz funktioniert?

Das Minimumfaktor-Gesetz ist ein Teil vom Gesetz der Kybernetik. Wachstum wird bekanntlich begrenzt bzw. sogar aufgehalten, wenn ein bestimmter Faktor im Ackerboden zur Mangelware wird. Z.B. wenn dem Ackerboden Phosphor fehlt, dann düngt der Bauer Phosphor und nicht Stickstoff, und sobald der Mangel beseitigt ist, geht das Wachstum weiter. Der Bauer nimmt Bodenproben vom Acker und beseitigt dann den Mangel. Er konzentriert sich total auf die Beseitigung des Mangels – das ist hier der kybernetisch wirkungsvollste Punkt. Das löst weiteres Wachstum aus.

Dieses Minimumfaktor-Gesetz gilt jedoch nicht nur für die Landwirtschaft, sondern auch für die Unternehmens-Entwicklung, auch für die Entfaltung deiner Persönlichkeit und auch für die körperliche Gesundheit.

Der Bauer weiß das, aber viele Unternehmer und viele Menschen haben von diesem Gesetz keine Ahnung.

Wenn es in der Unternehmens-Entwicklung nicht mehr weitergeht bzw. immer schwieriger wird weiteres Wachstum – qualitativ oder quantitativ – zu erzeugen, dann gibt es einen Minimumfaktor. Dann mangelt es an etwas ganz Bestimmten.

Die meisten Unternehmen tun dann das, was sie immer getan haben noch stärker und wundern sich, dass diese Vorgangsweise das Problem nicht löst. Weil es nicht der Minimumfaktor ist. Kein Bauer würde jedes Jahr das Gleiche düngen, nur weil es einmal so ganz besonders gut gewirkt hat. Er nimmt Bodenproben – d.h. er fragt den Ackerboden nach seinem wirklichen Mangel.

Das Gleiche gilt auch für die Persönlichkeits-Entfaltung. Eine bestimmte Information, die du bisher aufgenommen hast, hat dich bis hierher geführt, aber nun fehlt evtl. ein anderer Vitalstoff für deine Seele und deinen Geist. Solange du deiner Seele dieselben Vitalstoffe wie bisher zuführst, wird sich nicht mehr viel rühren. Deine Seele und dein Geist brauchen offensichtlich eine neue Form von Inspiration. Der Minimumfaktor hat sich geändert.

Das Gleiche gilt auch für deine körperliche Gesundheit. Nur weil etwas angeblich gesund ist, heißt das noch lange nicht, dass es für deine Gesundheit gut ist, weil du evtl. einen anderen Minimumfaktor hast. Es mangelt deinem Körper an anderen Vitalstoffen und daher ändert sich nichts – obwohl du dich gesund ernährst.

Einer meiner Enkel hat es mal auf den Punkt gebracht: „Opa, wie gibt es das? Die Tante Soundso isst lauter gesunde Sachen und ist immer krank."

15. Weiß ich, wann Spezialisierung richtig ist und wann Spezialisierung falsch ist?

Spezialisierung ist sonst nichts als Energiekonzentration auf eine bestimmte Sache, eine bestimmte Problemlösung, ein bestimmtes Produkt, eine bestimmte Technik usw.

Viele haben sich spezialisiert und sind damit hoch erfolgreich geworden, andere haben sich spezialisiert und sind damit zugrunde gegangen.

Wann ist Spezialisierung richtig, wann ist Spezialisierung falsch?

Spezialisierung ist immer dann falsch, wenn du dich auf vergängliche Materie spezialisierst, z.B. auf bestimmte Rohstoffe oder bestimmte Produkte oder bestimmte Verfahrenstechniken …

Wenn du das tust, ist dein Er*voll*gszyklus immer abhängig vom Lebenszyklus bzw. Attraktivitäts-Zyklus dieses bestimmten Rohstoffes, dieses bestimmten Produktes, dieser bestimmten Verfahrenstechnik.

Ich habe das mehrmals im Leben schmerzhaft erfahren müssen.

Spezialisierung ist immer dann richtig, wenn du deine Energie auf eine bestimmte Zielgruppe und ein bestimmtes Grundbedürfnis dieser Zielgruppe (ein Grundbedürfnis, das es gibt, solange es Menschen gibt) konzentrierst.

Mein Bruder hat eine Türenfabrik aufgebaut – von null auf 130 Mitarbeiter und wurde damit buchstäblich zum Marktführer. Warum?

Sein Spezialisierung lautete nicht: „Haustüren".

Seine Spezialisierung lautete: „Die schönste Trennung von drinnen und draußen, eine Haustüre so einzigartig wie der Hausbesitzer selbst." Ein Grundbedürfnis, das es gibt, solange es Menschen gibt und dieses Prestige(Grund)Bedürfnis ist bei manchen Menschen ganz besonders ausgeprägt. Daher ist diese Zielgruppe bereit, dafür auch mehr zu bezahlen. Ganz einfach. Er ist ein Menschen-Spezialist. Ein Spezialist für ein Grundbedürfnis einer ganz bestimmten Gruppe von Menschen. Es wird immer Menschen geben, denen das ganz besonders wichtig ist. Und er lieferte die Türen in die ganze Welt.

Worauf willst du deine Energie konzentrieren, dich spezialisieren? Auf Menschen oder auf Materie, auf Techniken, auf Produkte? Davon hängt langfristig deine Zukunft ab.

16. Kenne ich den Unterschied zwischen Zielgruppenbesitz und Produktionsmittelbesitz – und was von beiden wichtiger ist?

Manche Unternehmer sind Produktionsmittelbesitzer, andere sind Zielgruppenbesitzer.

Manche Unternehmer besitzen Fabriken und sind stolz darauf, andere Unternehmen besitzen das Vertrauen einer bestimmten Zielgruppe und beherrschen diesen Markt – obwohl sie keine Fabrikhallen haben.

Eines steht fest: Die Zukunft gehört den Zielgruppenbesitzern. Nicht den Produktionsmittelbesitzern. Man kann natürlich Produktionsmittel besitzen, das ist gut so. Aber dann sollst du gleichzeitig auch Zielgruppenbesitzer sein, ansonsten bist du der Sklave der Zielgruppenbesitzer.

Es geht nicht darum,

wie gescheit ich bin.

Es geht eigentlich nur

um eine Frage:

„Was haben andere Menschen

davon, dass es mich gibt?“

Nur daraus entsteht

Attraktivität und

Anziehungskraft.

Die Macht liegt bei den Zielgruppenbesitzern.

Ja, es mag für den Außenstehenden sehr beeindruckend aussehen, wenn du eine große Fabrik besitzt. Aber in der Fabrik selbst regierst nicht mehr du, sondern deine Händler, von denen du abhängig geworden bist.

Der Zielgruppenbesitzer besitzt das Vertrauen der Endverbraucher, jener Gruppe von Menschen, deren Problem gelöst wird und die darüber entscheiden, wem sie das Vertrauen für die Lösung ihres Problems schenken.

Zielgruppenbesitz ist Vertrauensbesitz. Der Endverbraucher ist der Finanzier deines Unternehmens, niemand sonst. Nicht der Händlerkunde, nicht der Banker, nicht die Shareholder und auch nicht du selbst als Unternehmer. Der Finanzier ist ausschließlich die Endverbraucher-Zielgruppe. Daher ist es so entscheidend wichtig, deren Vertrauen zu besitzen.

Zielgruppenbesitz ist der wahre Wert eines Unternehmens. Zielgruppenbesitz steht in keiner Bilanz, wird nicht besteuert und kann auch nicht über Nacht gestohlen werden. Der wahre Wert eines Unternehmens und der steht in keiner Bilanz. Daher hat Wolfgang Mewes – der Entwickler der Engpass konzentrierten Strategie (EKS) – schon vor 50 Jahren gesagt: „Alle Bilanzen sind falsch."

Konzentriere dich auf Zielgruppenbesitz. Vertrauensaufbau beim Endverbraucher. Auch wenn du ein Produktionsmittelbesitzer bist, beginne noch heute, dich um deinen wirklichen Finanzier zu kümmern. Der Endverbraucher ist dein Finanzier und dein Kapital ist deine Attraktivität beim Endverbraucher.

17. Kenne ich den Unterschied zwischen traditionellem Unternehmertum, klassischem Franchising und Network-Marketing?

Die traditionelle, konservative Form von Unternehmertum ist das ganz normale klein- bzw. mittelständische Unternehmen, entweder eines Ein-Mann(Frau)-Betriebes oder mit angestellten Mitarbeitern.

Solche Unternehmen entstehen normalerweise im Herzen eines unternehmerisch denkenden Menschen und er beginnt sich darauf zu konzentrieren, SEINE Idee unternehmerisch zu verwirklichen.

Die zweite Art von Unternehmertum heißt Franchising. Normales, klassisches Franchising. In den letzten 50 Jahren wurde dieser Bereich immer stärker.

Der Deutsche Franchiseverband vereint mittlerweile knapp 1000 Franchisegeber, 50.000 Franchisenehmer und diese beschäftigen gemeinsam mehr als eine halbe Million Menschen. www.franchiseverband.com – Mein Freund, Dr. h.c. Dieter Fröhlich, ist seit Jahren der Präsident des deutschen Franchiseverbandes und selbst ein sehr er*voll*greicher Franchisegeber – Musikschule Fröhlich. Ich habe einiges von ihm gelernt.

Franchising ist weiter nichts als ein erfolgreiches Pilotprojekt und dieses Konzept (als Samenkorn) wird in andere Regionen verpflanzt und weitere solcher Bäume aufgebaut. McDonald's ist das bekannteste Beispiel dafür. Es geht um eine bestimmte Frucht (in diesem Falle Hamburger in einem speziellen Ambiente) und diese Frucht wird multipliziert, damit viele Menschen in den Genuss dieser Frucht kommen.

Die am stärksten wachsende Form von Franchising aber ist Network-Marketing. Network-Marketing – in der richtigen Form und im richtigen Geist – ist eine einfache Art von Franchising in einer hoch multiplikativen Form.

Auch hier geht es um Frucht, um Multiplikation dieser Frucht. Aber der Unterschied zum klassischen Franchising liegt darin, dass auch

Franchisenehmer berechtigt sind, Fertigexistenzen (Samenkörner) weiterzugeben. Im klassischen Franchising kauft man das Samenkorn bei der Zentrale – zu einem bestimmten vom Franchisegeber festgelegten Preis. Im Network-Franchising jedoch darf jeder Franchisenehmer das Samenkorn weitergeben und so dafür sorgen, dass die Frucht sich schnell in jeden Haushalt multiplizieren kann.

Es gibt hier die verschiedensten Formen von Network-Franchising. Man muss hier natürlich auch genau unterscheiden zwischen Empfehlungsmarketing und einem Strukturvertrieb. Das sind zwei verschiedene Konzepte.

Ich glaube, dass die Zukunft dem seriösen Network-Marketing mit Empfehlungsschwerpunkt gehört. Visionär geführt und auf 4 Säulen aufgebaut. Hochattraktive Produkte - seriöser Marketingplan - automatisierte Logistik - Persönlichkeitsentfaltung der Franchisenehmer.

18. Suche ich einen risikolosen, schleichenden Branchenwechsel oder ist es für mich das allererste Mal, dass ich beginne ein selbstständiger, freier Unternehmer zu sein?

Wenn es das erste Mal ist, dass du dich damit beschäftigst, dich selbstständig zu machen, dann rate ich dir: Höre nicht auf Menschen, die selbst noch nie selbstständig waren. Hole von ihnen keinen Rat ein. Sie wissen gar nicht, wovon sie sprechen und die Wahrscheinlichkeit ist daher sehr groß, dass sie versuchen dich zu entmutigen. Sie haben ja keine Ahnung. Das wäre ungefähr so, wie wenn ein Pilot jemanden, der noch nie in einem Flugzeug gesessen ist, um Rat fragen würde, ob er fliegen soll und wie er sich in der Luft verhalten soll.

Es gibt sicherlich Menschen um dich herum, die schon alleine deshalb nicht daran interessiert sind, dass du dich selbstständig machst, weil das ihre Bequemlichkeitszone stören könnte oder ihre Interessen beeinträchtigen könnte. Du weißt nie, welche Motivation jemand hinter einem „guten Rat“ verbergen möchte.

Wenn du aber schon einmal selbstständig warst und du es ein weiteres Mal „versuchen“ möchtest, lasse dich auch nicht von deinen bisherigen negativen Erfahrungen zu stark beeinträchtigen. Nur weil es einmal nicht gelungen ist, heißt das noch lange nicht, dass es diesmal wieder nicht funktioniert.

Wenn du aber schon selbstständig bist und darüber nachdenkst, evtl. deine Branche zu wechseln, weil du in einer Branche tätig bist, die keine Zukunft mehr hat bzw. in der du zu viele stärkere Mitbewerber hast, dann konzentriere dich insbesondere auf folgende Überlegungen:

- Was sind jene Aktiva, die du in das neue Projekt übernehmen kannst – nicht nur materielle Aktiva, sondern besonders auch die immateriellen Werte, die nicht unbedingt an eine Branche gebunden sind?
- Welche bisher aufgebauten Beziehungen sind dafür geeignet, in das neue Geschäft mitzunehmen?
- Bei welcher Gruppe von Menschen hast du im alten Geschäft ganz besondere Vertrauenspositionen aufgebaut? Kannst du mit diesen Menschen künftig stärker zusammenarbeiten?
- Gibt es Möglichkeiten, das alte Geschäft langsam auslaufen zu lassen, um die vorhandenen finanziellen Mittel und die durch das Auslaufen noch dazukommenden Werte – da die Kosten ja sinken werden – schrittweise ins neue Geschäft mitzunehmen?

Ein risikoloser, schrittweiser, evtl. schleichender Branchenwechsel – wenn es in ein neues zukunftsträchtiges Unternehmenskonzept münden soll – kann eine sehr interessante und reizvolle Aufgabe sein.

19. Suche ich ein zweites Standbein zusätzlich zu dem, was ich bereits bisher tue?

Viele Menschen in der heutigen Zeit sind auf der Suche nach einem zweiten Standbein. Die Gründe dafür sind sehr unterschiedlich:

Die einen möchten sich gerne mittelfristig eine hauptberufliche Alternative aufbauen.

Die anderen möchten gerne zusätzlich etwas verdienen. Ein paar Hundert Euro im Monat zusätzlich macht in vielen Familien schon den wirklich großen Unterschied.

Die anderen suchen ganz einfach einen Nebenjob, weil sie zu ihrem oft sehr langweiligen und frustrierenden Hauptberuf in der Freizeit einfach eine inspirierende Abwechslung suchen.

Die anderen wiederum möchten gerne so nebenbei ihren ganz persönlichen Träumen, Visionen und Zielen auf die Sprünge helfen.

Es gibt auch Menschen, die davon überzeugt sind, dass ein zweites Standbein ihnen wirklich hilft, sich in ihrer Persönlichkeit weiter zu entwickeln. Das kann ich nur bestätigen und ist bei vielen der eigentliche große Nutzen eines zweiten Standbeins.

Wiederum andere möchten ihre Talente, die sie im Hauptberuf nicht brauchen können, zum Nutzen anderer Menschen einsetzen.

Wiederum andere wissen, dass ihre Talente dazu gegeben wurden, um anderen Menschen Erlebnisse zu schaffen. Sie meinen aber, dass es für ein hauptberufliches Familieneinkommen nicht reichen würde.

Es gibt viele Gründe, warum Menschen ihre Freizeit besser nutzen möchten.

Ich kann jeden nur wirklich ermutigen es zu tun. Du wirst davon zumindest persönlich sehr profitieren und möglicherweise tatsächlich in einem anfänglich „zweiten Standbein" deine hauptberufliche, gottgegebene Berufung finden.

Tu es einfach. Du kannst dabei nur lernen.

20. Wo liegen meine unverwechselbaren Erfahrungspotenziale aus der Vergangenheit? Weiß ich, welcher Mist aus meiner Vergangenheit der beste Dünger für meine Zukunft sein könnte?

Ja, der Mist deiner Vergangenheit ist der beste Dünger für deine Zukunft. Davon bin ich fest überzeugt.

Wer von euch hat schon Mist gebaut? Ich jede Menge, aber es ist mir immer wieder gelungen, daraus Dünger zu produzieren.

Je mehr Mist du gebaut hast in deiner Vergangenheit (Erfahrungen gesammelt aus nicht funktionierenden Projekten), desto mehr Dünger hast du für deine Zukunft und die Zukunft der Menschen um dich herum.

Das macht wirklich attraktiv. Daher kann ich nur jeden Menschen ermutigen die Dinge einfach zu tun, die er am Herzen hat. Das Schlimmste, was passieren kann, ist, dass es nicht funktioniert.

Dann nimmst du einfach diesen Mist – wenn notwendig mische ihn mit dem Mist anderer Menschen – und du wirst sehr bald feststellen, dass ganz besondere Mistmischungen auch ganz besondere Fruchtbarkeit bringen können.

Viele sehr er*voll*greiche Karrieren haben nach einem großen Misserfolg begonnen. Wenn du bereit bist zu lernen und nicht zu jenen Menschen gehörst, die für ihren Misserfolg immer andere Menschen verantwortlich machen, dann hast du eine großartige Zukunft vor dir, egal was passiert ist.

Ich könnte hier einige Lieder singen aus meinem eigenen Unternehmerleben. Die tollsten Ideen sind entstanden, wenn ich mit dem Rücken an der Wand gestanden habe.

Viele Firmen auf dieser Welt sind entstanden aufgrund von ganz besonderen Erfahrungen, die manche Menschen gemacht haben bzw. machen mussten, damit das überhaupt entstehen konnte.

Wir müssen hier umdenken. Auch ein Konkurs ist ein Kurs, bei dem man viel lernen kann, wenn man dazu bereit ist. Ich habe schon öfters gefragt: Was haben ein Kochkurs und ein Konkurs gemeinsam? Wahrscheinlich ist hinterher alles besser. Nicht nur das Essen.

Umdenken und neu orientieren. Aus Mist Dünger machen, aus Erfahrungen Problemlösungen formen, aus Stolpersteinen Sprungbretter bauen und aus Feinden Freunde machen.

21. Bin ich bereit, meine Bequemlichkeitszone zu verlassen und den Status quo infrage zu stellen?

Bei vielen Menschen liegt hier die Hauptursache, warum sie im Leben nicht weiterkommen. Sie möchten sehr vieles erreichen, möchten ein anderes, erfüllteres Leben, sind aber nicht bereit das, was sie derzeit haben, erleben bzw. genießen, infrage zu stellen.

Jemand sagte einmal: „Wenn du immer das Gleiche tust, was du bisher getan hast, wirst du immer erleben, was du bisher erlebt hast." Oder: „Es ist verrückt zu glauben, dass sich die Ernte wunschgemäß verändert, obwohl du Jahr für Jahr und Tag für Tag den gleichen Samen aussäst."

Ja, es ist bequem in der Bequemlichkeitszone. Ja, wir sind vertraut mit dem Status quo. Ja, es ist recht angenehm, wenn man immer nur Dinge tun muss, die man schon immer getan hat, weil es so einfach ist und man es nun schon blind kann.

Aber wenn du mehr möchtest vom Leben, dann musst du immer wieder einen Schritt raus tun aus der Bequemlichkeitszone. Aus dem Vertrauten. Und aufhören auf Menschen zu hören, denen du schon immer zugehört hast und die dich immer „ermutigten", doch nichts zu verändern, weil es dir eh nicht schlecht geht.

Man sagt ja nicht umsonst:

Willst du etwas haben, was du noch nie gehabt hast, musst du etwas tun, was du noch nie getan hast.

Willst du etwas erleben, was du noch nie erlebt hast, musst du etwas tun, was du noch nie getan hast.

Willst du etwas ernten, was du noch nie geerntet hast, musst du etwas säen, was du noch nie gesät hast.

Das sagt uns doch schon unser Hausverstand, oder?

Nur wenn du tust, was du noch nie getan hast, kannst du auch Fehler machen, die du noch nie gemacht hast.

Nur wenn du Fehler machst, die du noch nie gemacht hast, kannst du Dinge aus eigenem Erleben lernen, die andere nie erleben werden.

Daher: Trau dich drüber. „Go for it." Marschiere weiter von einer Bequemlichkeitszone in die nächste, aber bleib nicht stehen. Immer wieder raus aus der neuen Bequemlichkeitszone. Schritt für Schritt. Und du wirst Dinge erleben, die du schon lange erleben möchtest.

22. Kenne ich schon meine chancenreichste Zielgruppe?

Eine der wesentlichsten Fragen als Unternehmer ist die Frage:

Wer ist meine chancenreichste Zielgruppe?

Wer ist die Gruppe von Menschen, für die ich wirklich zuständig bin?

Wer von denen – es könnten schließlich viele sein – hat heute das Problem am brennendsten, das ich mit meinen einzigartigen Talenten am besten lösen kann?

Wer von denen – es könnten tatsächlich wirklich viele sein – hat heute das Bedürfnis, etwas zur Lösung des Problems zu unternehmen am stärksten und würde daher auf mein Angebot umgehend positiv reagieren?

Wer von den vielen Menschen, denen ich etwas verkaufen könnte, verspürt heute den Wunsch am stärksten, etwas zu und dafür auch Geld auszugeben?

Oder wie einer meiner Freunde und Kollege, Emil Hofmann – von www.emil-hofmann.de – es gerne formuliert:

Bei wem ist heute der Kittelbrennfaktor am größten? Auf gut Deutsch gesagt: Wem brennt es heute so richtig unter dem Kittel und will bzw. muss unbedingt etwas tun, um dieses Problem zu lösen?

Kennst du deine Zielgruppe wirklich?

Kennst du deine chancenreichste Zielgruppe wirklich, oder versuchst du immer nur im Trüben zu fischen, um vielleicht wiedermal rein zufällig einen Kunden zu finden?

Je mehr du dich mit deiner Zielgruppe aktiv – auch in persönlichen Gesprächen – beschäftigst, umso mehr Gespür bekommst du dafür, woran man erkennen kann, mit wem man sich heute wirklich beschäftigen soll und mit wem nicht.

Ein Menschenspezialist® als Zielgruppen-Spezialist hat hier entscheidende Vorteile. Er ist zuerst ein Menschenspezialist, dann ein ganz besonderer Spezialist für eine ganz besondere Zielgruppe und hier wieder ein ganz besonderer Spezialist für eine ganz bestimmte Herausforderung dieser Zielgruppe.

Er hat daher in der Beurteilung darin, wer gerade heute zu meiner chancenreichsten Zielgruppe gehört, einen entscheidenden Vorteil gegenüber seinen – meist verzettelten – Mitbewerbern.

23. Zu welcher Gruppe von Menschen zieht es mich wirklich hin – mit meinem Herzen?

Ich werde immer wieder gefragt:

„Woran erkennt man wirklich, für welche Zielgruppe ich ‚gesandt' bin? Woran erkennt man wirklich, wer meine chancenreichste Zielgruppe ist? Woran erkennt man, wann der richtige Zeitpunkt ist, mit einer bestimmten Gruppe von Menschen oder mit einer bestimmten Person Kontakt aufzunehmen?"

Viele kennen sich

bei Computern aus,

aber leider nur wenige

bei Menschen!

Hier liegt deine Chance!

Da ist es wieder gut, wenn du ein Menschenspezialist bist und gelernt hast, auf dein Herz zu hören.

Herzmenschen tun sich hier viel leichter. Die meisten Menschen, insbesondere in der Wirtschaft, haben gelernt, ihr Hirn, ihren Verstand einzusetzen und daraus das Bestmöglichste zu machen.

Aber unser Verstand ist hier doch ziemlich limitiert. Unser Verstand mag zwar sehr gut denken, kombinieren und etwas ausarbeiten können, aber die Gefühle anderer Menschen verstehen, erkennen oder gar richtig einordnen, dafür hat der Verstand keine Software.

Mit unserem Verstand können wir vieles bewegen, aber nicht viel spüren.

Die entscheidende Frage hier ist: Wohin zieht es dich mit deinem Herzen? Wofür hast du ein Herz? Welche Gruppe von Menschen bringt dein Herz zum Hüpfen?

Beginne dich mit diesen Menschen zu beschäftigen und du wirst sehr schnell erkennen, mit welcher Botschaft, mit welchen Worten bzw. mit welchen Aktivitäten du die Herzen dieser Menschen – deine chancenreichste Zielgruppe – erreichen kannst. Es geht ja darum, Herzen miteinander zu verbinden, wenn man langfristig wirklich er*voll*greich sein möchte. Dein Herz gibt dir hier sicherlich die richtige Antwort auf deine Fragen hinsichtlich zielgruppen-orientiertes Marketing.

24. Was ist die Frucht meines Lebens?

Hast du dir diese Frage überhaupt schon einmal gestellt?

Oder bist du bisher nur durchs Leben gegangen mit der Fragestellung: Wie kann ich so viel Geld wie möglich verdienen? Wo muss ich arbeiten, damit ich am schnellsten reich werde?

Ehrlich gesagt: Die meisten Menschen gehen durchs Leben mit dem Ziel Geld zu verdienen und treffen ihre Entscheidungen danach, wo und wie man das am besten kann. Und sind dabei ständig frustriert.

Die entscheidenden Fragen im Leben sind:

Warum bin ich auf dieser Erde?

Was haben andere Menschen davon, dass es mich gibt?

Was ist die Frucht meines Lebens?

Warum sollen andere Menschen meine Nähe suchen?

Warum sollen andere Menschen mir mit Begeisterung zuhören?

Wenn du diese Fragen beantwortet hast, dann kommt das Geldverdienen ganz automatisch dazu, weil die Menschen, die zu deiner Zielgruppe gehören, dann erkennen können, was sie davon haben, dass es dich gibt. Sie erkennen dann auch das WARUM, warum sie gerade dir „nachlaufen" sollen.

Wenn du ein Kirschbaum bist, werden die Kirschenliebhaber freiwillig und automatisch deine Nähe suchen.

Wenn du ein Pflaumenbaum bist, werden alle jene Menschen schnell deine Nähe suchen, die gerade an Verstopfung leiden und sich von deiner Frucht Linderung erwarten.

Wenn du ein Gockelhahn bist, werden die Hühner mit Begeisterung deine Nähe suchen, sobald sie dein wunderschönes „Kikeriki" hören. Die Katzen bleiben im Haus.

Wenn du ein „Hansi Hinterseer" bist, werden alle jene Menschen mit Begeisterung freiwillig deine Nähe suchen, die eine Liebe zu den Bergen haben.

Wenn deine Frucht eine ganz besondere Problemlösung ist für eine ganz besondere Zielgruppe, dann werden immer genau diese Menschen mit Begeisterung freiwillig – ohne VERTRIEBs-Abteilung – zum richtigen Zeitpunkt deine Nähe suchen. Auf ihre eigenen Kosten. So einfach ist das.

25. Kenne ich die drei Säulen der naturkonformen Multiplikations-Strategie?

In der naturkonformen Strategie geht es immer um Fruchtbringen. Und wenn die Frucht gut ist, geht es um die Multiplikation dieser Frucht, damit so viele Menschen wie möglich in den Genuss dieser Frucht kommen können.

Das ist einfach und logisch.

Diese naturkonforme Strategie steht auf drei Hauptsäulen:

Säule 1: Deine Attraktivität

Wie attraktiv bist du für andere Menschen? Wie attraktiv ist die Frucht deines Lebens für andere Menschen? Wie attraktiv bist du als Gesprächspartner für eine ganz bestimmte Gruppe von Menschen?

Davon hängt ab, ob diese Menschen von dir angezogen werden und wirklich freiwillig deine Nähe suchen. Nur weil du dafür bekannt bist, dass du für eine ganz bestimmte Problemstellung oder Herausforderung der richtige Gesprächspartner bzw. Problemlöser bist.

Daher: Arbeite immer zuerst an dir. An deiner persönlichen Attraktivität und an der Attraktivität deines Angebotes für andere Menschen. Und die automatische Folge davon heißt: mehr Anziehungskraft, mehr Nachfrage, mehr Stückzahl, höhere Produktivität usw. bis hin zum höheren Gewinn.

Säule 2: Einfachheit

Je einfacher du bist, je einfacher du denkst, je einfacher du kommunizierst und je einfacher (leicht verständlich) deine Angebote sind, umso schneller erkennen die Menschen, worum es bei dir geht und warum sie deine Nähe suchen sollen.

Es gibt viele Menschen, die meinen, sie müssten anderen Menschen ständig beweisen, wie gescheit sie sind und verkomplizieren damit ihr Angebot, ihre Botschaft, beginnen kompliziert zu formulieren, zu sprechen, zu schreiben und wundern sich, dass sie keine positiven Reaktionen auf ihre Angebote bekommen.

Ganz einfach deswegen nicht, weil die Menschen, die sie erreichen möchten, sie nicht mehr verstehen.

Je einfacher die Dinge gehalten werden, je einfacher du sprichst und kommunizierst und je einfacher – aber wirksamer – die Problemlösung ist, umso mehr Menschen verstehen, worum es geht. Umso mehr Menschen beginnen deine Nähe zu suchen und deine Kunden zu werden.

Du darfst nicht erwarten, dass Menschen zu dir kommen und sagen: „Ich habe deine Werbung bekommen, versucht sie zu verstehen, kenn mich leider hinten und vorne nicht aus (weil ich ja zu dumm bin dazu), aber ich möchte gerne, dass du mir das nochmals genau erklärst."

Nein, so läuft das nicht. Die Menschen gehen dorthin, wo sie die Dinge verstehen und sie auch verstanden werden.

Säule 3: Die tägliche Routine

Er*voll*greiche Menschen haben eine tägliche Routine, die sie leben und von der sie sicher sind und erlebt haben, dass sie funktioniert. Je einfacher, umso besser.

Er*voll*greiche Menschen sind Routiniers. Sie tun die Dinge einfach, die zu tun sind, um ein bestimmtes Ergebnis zu erreichen und es fällt ihnen überhaupt nicht mehr schwer, weil es zu ihrer Lebensroutine geworden ist.

Die Natur ist ein Musterbeispiel von Routine. Jedes Jahr das gleiche Prozedere, der gleiche Ablauf auf dem Weg zur Frucht. Und wenn die Frucht reif ist und sichtbar, dann setzt sich die Zielgruppe automatisch, routiniert in Bewegung und kommen auf dich – als Kirschbaum – zu.

Das ist doch logisch und leicht verständlich, oder?

Bist du ein Routinier und lebst du diese Routine auch?

Oder gehörst du zu jenen Menschen, die jeden Tag etwas Neues machen möchten, sich immer wieder selbst neu erfinden möchten und bis heute immer noch nicht wissen, wer sie wirklich sind und warum sie auf dieser Erde sind?

Kennst du deine Routine, die zum Er*voll*g führt? Lebst du sie auch? Verbesserst du diese Tag für Tag auch mit möglichst hoher Kreativität und Leidenschaft? Oder bist du in einer Tretmühle gelandet, in einem routinierten Hamsterrad, ohne zu wissen, warum du tust, was du tust?

Er*voll*greiche Menschen sind – so wie die Natur – mit Leib und Seele in ihrer Berufung Frucht zu bringen und tun das mit einer leidenschaftlichen Routine mit höchster Effektivität und Effizienz – und daher sind sie er*voll*greich. Mit Begeisterung.

Würdest du

deiner Zielgruppe

überhaupt fehlen,

wenn es dich morgen

nicht mehr

geben würde?

Modul 4:
Bin ich ein Menschenspezialist®?

1. Es geht um Menschen auf dieser Welt, nicht um Geld. Habe ich diese Wahrheit in meinem Herzen festgemacht?

Das ist eines der wichtigsten Dinge, die ein Unternehmer wissen muss. Leider ist es nicht so. Die meisten Unternehmer glauben es ginge zu allererst um Geld.

Geld gibt es genug. Die zentrale Frage ist nicht: Wie kann ich so schnell wie möglich so viel Geld wie möglich verdienen? So denken Räuber. Sondern die alles entscheidende Frage ist: Was haben andere Menschen (meine Zielgruppe) davon, dass es mich gibt?

Bist du für andere Menschen eine wichtige Adresse?

Würdest du deiner Zielgruppe überhaupt fehlen, wenn es dich morgen nicht mehr geben würde?

Bist du für andere Menschen ein wichtiger und interessanter Gesprächspartner?

Sind die Menschen, weil sie dir begegnet sind, stärker, besser, ermutigter und hoffnungsvoller geworden, oder haben sie bei der Begegnung nur gespürt, dass du etwas verkaufen möchtest?

Mein Freund, davon hängt deine Zukunft ab.

Es gibt zu viele Menschen, die nur an Geld denken und sie wundern sich, warum es so schwierig ist, er*voll*greich zu sein, Geld zu verdienen usw.

Gerade kürzlich hatte ich wieder ein Gespräch mit einem Mann, der sich gerne mit „Luftreiniger“ selbstständig machen möchte. Er glaubte wirklich und versuchte mir das auch einzureden, dass es nur um Produkte gehe, um Rabatte, um Provisionen, um Technik usw. Ich versuchte ihm zu sagen, dass dem nicht so sei, sondern es zuerst um Menschen und vor allem um die Frage geht, wes Geistes Kind der Mensch ist, mit dem ich zusammenarbeiten soll.

Daraufhin war seine Antwort: „Ihnen will ich gar kein Gerät mehr verkaufen.“ Und er meinte, er wäre der Größte und ich und mein Kollege mit unserer jahrzehntelangen Erfahrung würden uns hinten und vorn im Geschäftsleben nicht auskennen.

Vergiss eines nicht: Es geht um Menschen auf dieser Welt, nicht um Geld. Es geht bei Kooperationen nicht um Produkte, sondern um die Frage, welche Menschen hinter den Produkten stehen, und ob ich deren Charakterpotenziale wirklich erkannt habe.

2. Bin ich in der Lage mein eigenes Leben unter Kontrolle zu haben?

Wenn du dich selbst und dein Leben nicht unter Kontrolle hast, werden andere Menschen dich nicht besonders attraktiv finden und keine Lust haben, mit dir etwas Bedeutendes zu unternehmen.

Wenn es dir an persönlicher Disziplin fehlt, dein Ja kein Ja ist und dein Nein kein Nein ist, dann wird es für andere Menschen wirklich schwierig, mit dir langfristig zusammenzuarbeiten. Sie werden es einfach nicht tun.

Wenn du dich selbst emotionell nicht im Griff hast und bei jeder Kleinigkeit gleich ausflippst, dann wird das für deine Umgebung nicht einfach und sie werden deine Nähe nicht gerne suchen.

Bevor man andere Menschen effektiv und er*voll*greich führen kann, muss man sich selbst führen können.

Ich habe in meiner langen Unternehmerlaufbahn noch keinen wirklich er*voll*greichen Unternehmer kennengelernt, der sich selbst nicht unter Kontrolle hatte. Das mag evtl. eine Zeitlang ganz gut gehen, aber langfristig werden die guten Mitarbeiter nicht in deinem Hause bleiben.

Die Atmosphäre in einer emotionell unberechenbaren Umgebung ist nämlich nicht dazu angetan, die einzigartigen Talente der Mitarbeiter wirklich freizusetzen.

Ich mache dir einen wirklich lohnenswerten Vorschlag:

Setze dich einmal hin und analysiere dein Leben danach, ob es in deiner Persönlichkeit Elemente gibt, die dich immer wieder dazu bringen, unberechenbar oder unzuverlässig zu sein.

Wenn du diese dann erkannt hast, dann mache dir einen Plan, wie du in diesen Situationen künftig agieren bzw. reagieren wirst.

Selbsterkenntnis ist nämlich der erste Schritt und der sicherste Weg zur positiven Veränderung.

3. Fühle ich mich gut dabei, mit anderen Menschen gemeinsam etwas zu bewegen?

Wir sind auf diese Erde gekommen, um mit unseren gottgegebenen Talenten und Fähigkeiten, unserer gottgegebenen Kreativität und Schaffenskraft etwas zu bewegen, zu gestalten, zu verändern, zu verbessern usw.

Wir sollten dabei aber immer den Menschen im Auge behalten und das, was der andere davon hat, dass es uns gibt und nicht die Gier nach Reichtum und unseren eigenen Egoismus. Sonst bleiben wir einsam. Zumindest innerlich.

Freust du dich, wenn du mit anderen Menschen zusammen bist und kreative Gedanken bewegt werden?

Ein Menschenspezialist

ist jemand,

der die Fähigkeit hat,

in anderen Menschen die

gottgegebenen Talente

zu erkennen –

und zu fördern.

Freust du dich, wenn du deine Talente mit den Talenten anderer Menschen in einer einzigartigen Weise miteinander verbinden kannst, um Größeres als du selbst zu schaffen?

Freust du dich, wenn sich um dich herum etwas Großartiges entwickelt, weil du mit einer Gruppe von Menschen zusammenarbeitest, die alle einzigartig sind und jeder daran Freude hat, nichts beim Alten zu lassen?

Fühlst du dich gut dabei, wenn Menschen um dich herum sich stärker entwickeln als du selbst?

Fühlst du dich immer noch gut dabei, wenn die Menschen um dich herum in bestimmten Bereichen besser werden als du?

Fühlst du dich ganz besonders gut dabei, wenn du beobachten kannst, wie Menschen, in die du dich mit deinem Herzen und deiner Persönlichkeit investiert hast, so richtig aufblühen und ihren Platz im Leben finden?

Schaust du dann gerne zurück in deine Vergangenheit und konzentrierst dich mit Freude darauf, was ihr gemeinsam alles geschaffen habt – und hast aber auch ganz vergessen, dass es oft auf dem Weg zwischenmenschliche Herausforderungen gab, die nicht so positiv waren?

Wer sich auf die gemeinsamen Ergebnisse konzentriert und sich darüber freut, hat auch keine Zeit mehr dafür, das Negative aus der Vergangenheit in die Zukunft mitzunehmen.

Kannst du diese Fragen alle mit einem klaren „Ja" beantworten, dann ist deine persönliche Erfüllung in der Zukunft garantiert gesichert.

4. Habe ich den Eindruck, dass ich bereits ein Menschenspezialist bin?

Das ist jetzt eine suggestive Frage. Ich bin sicher, du wirst diese Frage – mit Einschränkungen – mit Ja beantworten. Aber du bist hier sicherlich auch noch stark entwicklungsfähig. Wie wir alle auch. Es gibt hier keine Grenze nach oben.

Aber was ist ein Menschenspezialist wirklich?

Bin ich ein Menschenspezialist, weil ich viele – teils negative – Erfahrungen gemacht habe mit Menschen und daher vorsichtig geworden bin?

Bin ich ein Menschenspezialist, weil ich glaube mich bei Menschen auszukennen und sie auch schnell beurteilen (evtl. verurteilen) kann?

Bin ich ein Menschenspezialist, weil ich vielleicht sogar Psychologie studiert habe?

Bin ich ein Menschenspezialist, weil ich mir über andere Menschen ganz schnell eine bestimmte Meinung bilden kann?

Ganz sicher nicht.

Ein Menschenspezialist ist jemand, der die Fähigkeit hat, in anderen Menschen die gottgegebenen Talente zu erkennen – und zu fördern.

Ein Menschenspezialist ist jemand, der die Bereitschaft hat, sich mit Herz und Verstand in andere Menschen zu investieren, damit diese ihre gottgegebene Berufung finden und leben können.

Ein Menschenspezialist ist jemand, der anderen Menschen für ihr persönliches Leben Orientierung geben kann, weil er die Gabe hat, göttliche Berufungen zu erkennen und auch Freude daran hat, anderen Menschen zu helfen, diese zu leben.

Ein Menschenspezialist ist jemand, der die Fähigkeit und auch große Freude daran hat, andere Menschen in ihre Einzigartigkeit zu führen.

Ein Menschenspezialist ist jemand, der sich ganz besonders darüber freuen kann, wenn die Menschen um ihn herum besser werden als er selbst.

So sollte es auch sein: Denn wenn du als Mentor den Menschen um dich herum alles weitergibst, was du weißt und kannst usw., dann müssen diese schließlich besser werden als du selbst, weil sie bereits vorher auch schon etwas hatten, was du nicht hast. Oder?

Das nennt man dann qualitatives Wachstum. Qualitatives Wachstum gibt es nur, wenn die Mitarbeiter besser werden als der Chef.

5. Betrachte ich mich selbst auch als einen Abholspezialisten?

Ein Menschenspezialist ist auch ein Abholspezialist. Wenn jemand die Fähigkeit - oder besser gesagt die Bereitschaft - nicht hat, andere Menschen dort abzuholen, wo sie heute stehen - in ihrem Frust, in ihren Problemen, in ihren Herausforderungen usw. - dann kann er die Menschen auch nicht weiterführen.

Wer nicht abgeholt wurde, der steht in der Tat für eine Weiterführung nicht zur Verfügung.

Ja, natürlich kann man mit einem Abholspezialisten auch kooperieren. Der eine holt ab, der andere führt weiter usw. Aber das Optimum für dich ist, wenn du dich auch zu einem Abholspezialisten entwickelst, weil du dann nicht mehr abhängig bist von anderen Menschen.

Du holst die Menschen ab, führst sie weiter, bis sie in ihrer eigenen Berufung, von dir wieder vollkommen unabhängig, landen.

Du holst den nächsten Menschen ab, führst ihn weiter in seine eigene Berufung und Unabhängigkeit.

Du holst den nächsten Menschen ab, führst ihn weiter ... Und so weiter.

Wenn du sowohl ein Abholspezialist bist als auch ein Weiterführungsspezialist und dann Freude daran hast, wenn die Menschen von dir wieder unabhängig werden, und diese Routine laufend wiederholst, dann kann ich dir garantieren: Du wirst nie einsam sein. Dir wird nie langweilig sein. Du wirst nie ohne Freunde sein. Du wirst vielmehr eine so große Fangemeinde haben, die dich mit Begeisterung weiterempfiehlt und dein Einflussradius wird größer und größer und größer ...

Ich weiß das aus eigener Erfahrung.

Viele nennen mich einen Abholspezialisten. Aber ich habe auch schon viele, viele Menschen weitergeführt in ihre Berufung mit mehr oder weniger großem Er*voll*g. Und auf einmal - ohne es wirklich zu registrieren

Wenn du

deine Mitarbeiter

nicht in die Blüte führst,

hast du als Unternehmer

auch kein Recht darauf,

von ihnen Frucht

zu erwarten.

– ist meine aktive Fangemeinde auf Zigtausende Menschen angewachsen. Du kannst mir glauben, das ist ein erfülltes Leben und Tag für Tag erfreust du dich an den vielen Freunden, die immer wieder etwas von sich hören lassen und dir mitteilen, was aus ihrem Leben bisher so geworden ist.

Samenkörner, die auf fruchtbaren Boden fallen, bringen eben Frucht.

6. Woran denke ich, wenn ich das Wort „Atmosphäre-Spezialist" in Verbindung mit dem Wort Menschenspezialist höre?

Ein Menschenspezialist ist auch ein Atmosphäre-Spezialist. Er hat die Fähigkeit, in seinem Umfeld eine Atmosphäre zu schaffen, die andere Menschen zur Blüte führt. Und das ist das Entscheidende: Was nicht blüht, kann auch keine Frucht bringen.

Möchtest du ein blühendes Unternehmen, müssen deine Mitarbeiter blühen. Wenn deine Mitarbeiter nicht blühen, können sie keine Frucht bringen. Sie machen einfach Dienst nach Vorschrift – mit dem Hirn, aber nicht mit dem Herzen.

Wenn du deine Mitarbeiter nicht in die Blüte führst, hast du als Unternehmer auch kein Recht darauf, von ihnen Frucht zu erwarten. Denn was nicht blüht, kann keine Frucht bringen. Das wusste mein Vater schon als Landwirt. Er sagte immer: „Wenn der Baum nicht blüht, brauchen wir gar nicht zu schauen. Da ist kein Apfel dran."

Deine Zukunft hängt sehr stark davon ab, ob du die Fähigkeit entwickelst, in deinem Umfeld eine richtig gute Wachstums-Atmosphäre zu schaffen. Es gibt nur zwei Alternativen: Wachsen oder Welken. Eine neutrale Zone dazwischen gibt es nicht. Was aufgehört hat zu wachsen, hat bereits begonnen zu welken.

Wenn du möchtest, dass dein Unternehmen, deine Organisation, deine Struktur, oder wie immer du das auch nennst, wächst, dann musst du für die Menschen um dich herum eine Wachstumsatmosphäre schaffen.

Treibhausklima für Kreativität, Treibhausklima für Spitzenleistungen. Der Unternehmer von Morgen ist ein Klimaspezialist. Aber nicht so, wie die meisten Menschen meinen, was ein Klimaspezialist sei, sondern es geht um das Wachstumsklima um dich herum in deinem Haus, in deiner Organisation usw.

Eine sehr bekannte Organisation wollte mich einmal engagieren als Journalist eine Talkrunde über Klimapolitik zu moderieren. Ich musste diese Dame – die hörte, ich sei ein Klimaspezialist – aufklären, dass ich von CO_2 nichts verstehe. Aber viel davon verstehe, wie man in Unternehmen und Organisationen ein Treibhausklima für persönliches Wachstum schaffen kann.

Gut ... sie wollte aber über CO_2 diskutieren – da war ich der falsche Moderator dafür. Sie musste sich jemand anderen dafür suchen.

Bist du bereit ein Atmosphäre-Spezialist zu werden? Wenn ja, dann ist deine unternehmerische Zukunft gesichert.

7. Bin ich in der Lage für andere Menschen ein „Treibhausklima für Kreativität und Spitzenleistung" zu schaffen?

Nun ist natürlich die Frage wichtig: Bist du dafür in der Lage, ein solches Treibhausklima der Kreativität, ein Treibhausklima für Spitzenleistungen zu schaffen, oder ist deine Persönlichkeit eher auf dich und deinen Egoismus konzentriert, der alles um dich herum frustriert?

Vergiss hier nicht:

Es geht nicht darum, was du willst. Es geht darum, was andere Menschen davon haben, dass es dich gibt.

Es geht nicht um mich auf dieser Welt. Es geht darum, dass es durch mich **dir** besser geht.

Es geht nicht um mich auf dieser Welt. Es geht darum, dass durch mich die Menschen um mich herum in einer Atmosphäre aufwachsen können, die diese Menschen (meine Kinder, meine Schüler, meine Mitarbeiter, meine Geschäftspartner, meine Kunden …) in ihre persönliche Blüte führt.

Hier geht es um Umdenken um 180 Grad.

Es gibt leider viele Unternehmer und Führungskräfte, die ihre Mitarbeiter und Geschäftspartner als ein Mittel zum egoistischen Zweck betrachten und die Menschen um sich herum nur benutzen für die eigenen Ziele und den eigenen Egoismus. Mein lieber Freund, so schaffen wir keine Atmosphäre, in der Menschen aufblühen können.

Wenn deine wirtschaftlichen Ziele, deine Zahlen, wichtiger sind als die Frage, was aus den Menschen wird, die Gott dir anvertraut hat, dann darfst du dich nicht wundern, wenn du einen nach dem anderen deiner potenziellen Talente immer stärker frustrierst und diese dann eines Tages zur Konkurrenz gehen.

Wenn du glaubst, dass du der wichtigste Mensch bist im Haus und alle Ehre dir gebührt und alles Lob für die Spitzenleistungen in deinem Unternehmen von dir vereinnahmt wird, dann darfst du dich nicht wundern, wenn die Atmosphäre, das Klima, in deinem Haus nicht stimmt.

Wenn du den ganzen Tag unterwegs bist auf der Suche danach, wer wieder etwas falsch gemacht hat, um kritisieren zu können – und dabei deinen eigenen Frust versuchst abzuladen – dann darfst du dich auch nicht wundern, wenn das (Betriebs)-Klima im Hause ganz stark zu wünschen übrig lässt.

Die Ursache dafür liegt aber nicht bei den Mitarbeitern, sondern bei dir als Führungskraft selbst.

8. Habe ich die Fähigkeit anderen Menschen wirklich zuzuhören?

Ich nenne es bewusst zuhören. Viele meiner Seminarteilnehmer haben schon versucht mir einzureden, dass **zu**hören bedeutet: Die Ohren sind **zu** und dass es eigentlich richtig heißen sollte: hinhören.

Aber dem konnte ich nie etwas abgewinnen. Hinhören ist für mich zu wenig.

Eines Tages hat mir meine Assistentin Folgendes zugemailt von der Knill+Knill Kommunikationsberatung – und es hat mir das bestätigt, was ich in meinem Herzen wusste.

Wir müssen zuhören, nicht nur hinhören.

Hören	Hinhören	Zuhören
Hören ohne Hinhören heißt zum Beispiel, mit sich selber beschäftigt zu sein, nur sporadisch aufzumerken und einem Gespräch nur solange zu folgen, bis selbst geredet werden kann.	Hinhören ohne Zuhören heißt: Aufnehmen, was die andere Person sagt, ohne sich zu bemühen herauszufinden, was der andere meint oder sagen will.	Zuhören heißt, sich in den Partner hineinzuversetzen, ihm volle Aufmerksamkeit zu schenken und dabei nicht nur auf den Inhalt, sondern auch auf Zwischentöne zu achten.
Die Aufmerksamkeit ist noch nicht unbedingt auf den Gesprächsinhalt, sondern auch auf die eigene Beschäftigung, die eigenen Gedanken und die Gelegenheit, zu Wort zu kommen, gerichtet.	Man ist gefühlsmäßig noch unbeteiligt, distanziert und abwartend. Die oder der Sprechende meint fälschlicherweise, ihr oder ihm würde ernsthaft zugehört.	Durch Haltung und Reaktion wird dem Gesprächspartner mitgeteilt, dass es im Moment nichts Wichtigeres gibt, als sie oder ihn.

© Knill+Knill Kommunikationsberatung

Herzlichen Dank, Familie Knill. Ich bin sicher eure Darstellung hilft vielen Menschen weiter und sie beginnen wieder AKTIV und bewusst, voll konzentriert zuzuhören. Es macht all den Unterschied.

9. Bin ich ein interessanter Gesprächspartner?

Ja, das wird die entscheidendste Frage sein für die nächsten Monate und Jahre.

Hast du dir schon einmal die Frage gestellt, warum andere Menschen dir zuhören sollen?

Wenn dir nämlich keiner zuhört, kommt deine Botschaft auch nirgends an. Wenn dir keiner zuhört, wird es für dich sehr schwer werden, dass dir jemand etwas abkauft.

Wenn dir keiner zuhört, ist ganz egal, in welcher Branche du tätig bist, es wird nichts werden, weil dir keiner zuhört. Ganz einfach deswegen.

Hast du dir schon einmal die Frage gestellt, ob du wirklich ein interessanter Gesprächspartner bist oder nicht?

Ein bekannter amerikanischer Autor und Verleger hat einmal gesagt: „When Karl speaks, people listen!"

Das hat mir sehr viel gegeben und hat mich beflügelt, noch mehr an meiner Botschaft zu arbeiten, an der Attraktivität dessen, was aus meinem Munde kommt, wenn ich ihn öffne und mit der Frage, was andere Menschen davon haben, wenn sie mir zuhören.

Daher die Frage an dich: Bist du bereits ein wirklich interessanter Gesprächspartner?

In welchem Thema?

Für welche Zielgruppe?

Aufgrund der Art auch, wie du sprichst, weil du inspirative Storys aus deinem Leben bringst, weil du mit Leidenschaft sprichst und deine Begeisterung so richtig spürbar ist.

Vergiss nicht: Wessen dein Herz voll ist, dessen geht dein Mund über.

Wessen ist dein Herz wirklich voll?

Fülle es mit dem, was für andere Menschen von hoher Attraktivität ist, wenn sie dich sprechen hören – und du wirst er*voll*greich sein.

10. Habe ich in meinem geschäftlichen bzw. gesellschaftlichen Umfeld einen guten Ruf?

Wie steht es mit deinem Ruf in deiner Branche?

Giltst du bereits als Vordenker, als Vorreiter, als Inspirator in einem ganz bestimmten Bereich, zu einem bestimmten Thema, bei einer bestimmten Zielgruppe, in einer bestimmten Problemsituation?

Nehmen dich bereits andere Menschen als Vorbild, wenn es um etwas Bestimmtes geht?

Oder heißt es, wenn dein Name fällt: „Ach ja, der Spinner, der Träumer, der Quertreiber, der Überflieger usw."

Bist du gar für andere Menschen ein rotes Tuch?

Was ist überhaupt ein guter Ruf?

Eines habe ich gelernt: Wenn du Dinge tust, die andere Menschen nicht tun würden, und Fehler machst, die andere Menschen gar nicht machen können, weil sie nichts tun, dann wirst du von gewissen Menschen immer in eine gewisse Schublade gesteckt.

Mach dir darüber keinerlei Sorgen. Das gehört zum Leben dazu. Wenn über jemanden – zu Lebzeiten – alle Menschen gut sprechen, dann kannst du davon ausgehen, dass er noch nicht viel bewegt hat in seinem Leben.

Wenn du noch keine Feinde hast, dann ist es ganz sicher, dass du noch nicht viel getan hast mit deinem Leben.

Wenn du noch keinen Mist gebaut hast, der für gewisse Menschen einen üblen Geruch hat, dann heißt das, dass du bisher noch kein Unternehmer gewesen bist bzw. noch nichts unternommen hast.

Unterlasser gibt es ja genügend. Niemand soll darauf stolz sein, dass ihn alle Menschen mögen. Du bist dann noch nie jemand auf die Zehen gestiegen.

Ich bin jetzt über 30 Jahre im Public-Speaking-Geschäft, Vortragender, Seminarleiter, Prediger usw. und ich habe mir frühzeitig vorgenommen: Wenn ich spreche, dann möchte ich auch mit meiner Botschaft etwas bewegen.

Das heißt, ich nehme gerne in Kauf einer Gruppe von Menschen so richtig auf die Zehen zu steigen, damit sie auch Anlass genug haben, in ihrem Leben etwas zu verändern.

Wenn alle deine Veranstaltungen verlassen und als Feedback sagen: „Lieb und schön hat er gesprochen“, aber du bist niemanden so richtig nahe getreten bzw. auf die Zehen gestiegen, dann ist die Wahrscheinlichkeit sehr groß, dass auch deine Botschaft nicht wirklich angekommen ist und sehr schnell vergessen wird.

11. Kenne ich den Unterschied zwischen einem „guten Image“ und einem „Wofür-Image“?

Es ist nicht entscheidend, ob du ein gutes Image hast oder ein schlechtes oder noch gar keines. Jeder er*voll*greiche Mensch hat bei anderen Menschen ein gutes, bei andern ein schlechtes, bei wieder anderen ein sehr gutes oder ein sehr schlechtes oder gar keines.

Das ist überhaupt nicht die Frage. Die entscheidende Frage ist: Hast du ein WOFÜR-Image – und bei welcher Zielgruppe?

Gibt es in deinem Leben bereits einen Bereich, wo die Menschen sagen:

„Wenn es darum geht, musst du bei >dein Name< anrufen.“

„Wenn du diese oder jene Herausforderung, Problem etc. hast, kann ich dir nur >dein Name< empfehlen. Der/die kennt sich da wirklich aus.“

Der Unternehmer der Zukunft

ist ein Talentespezialist,

ein Atmosphärespezialist,

ein Klimaspezialist –

– ein Menschenspezialist.

„Wenn du dieses oder jenes Erleben möchtest, dann empfehle ich dir, die Nähe von >dein Name< zu suchen."

„Wenn du dieses oder jenes lernen möchtest, dann musst du dorthin. Dort wirst du wirklich spitze ausgebildet usw."

Wofür stehst du?

Wofür stehst du wirklich, oder willst du nur etwas verkaufen?

Für welche Botschaft, für welche Antwort, für welche Problemlösungsfähigkeit bist du bekannt geworden?

Bei welcher Zielgruppe?

Das sind die entscheidenden Fragen.

Kein Mensch kann ein Menschenspezialist sein für alle Menschen und für alle Lebensbereiche.

Aber jeder Mensch hat die Möglichkeit, für bestimmte Menschen, Zielgruppen, Problemlösungsbereiche etc. ein Zielgruppenspezialist zu sein.

Menschenspezialisten sind Zielgruppenspezialisten. Aber nicht nur strategisch gesehen, sondern ganz besonders auch wenn es darum geht, anderen Menschen zu helfen herauszufinden, in welchem Bereich ihre gottgegebene Berufung liegt.

Wofür stehst du in den Augen anderer Menschen? Je klarer du das machst – für andere Menschen sichtbar – umso schneller wirst du es schaffen, dass deine Zielgruppe freiwillig und automatisch deine Nähe sucht – immer zur richtigen Zeit.

12. Kenne ich die Goldene Regel im Umgang mit anderen Menschen?

Hast du diesen Ausdruck schon einmal gehört?

Weißt du, was die Goldene Regel ist, die ganz sicher mittel- und langfristig in ein erfülltes, er*voll*greiches Leben führt?

Jemand sagte einmal – und das meinen viele – die Goldene Regel sei: Wer das Gold hat, macht die Regeln. Das mag im rein materiellen Bereich, wo es um Machtansprüche geht, manchmal so sein, aber das ist nicht wirklich die Goldene Regel für einen sicheren, langfristigen, möglichst für alle Beteiligten sicheren Er*voll*g.

Die Goldene Regel heißt – und sie kommt direkt aus der Bibel:

„Was du nicht willst, das man dir tut, das füg' auch keinem anderen zu."

Das hast du sicherlich schon mal gehört.

Oder positiv – aktiv formuliert:

„Was du willst, dass man dir tut, das tue du zuerst den anderen."

Das ist dann wirklich die Goldene Regel, denn was der Mensch sät, das wird er ernten. Was du als Samenkörner ausstreust, das wird ganz sicher zu dir als Ernte zurückkommen. Positiv und negativ. Denn Gott lässt seiner nicht spotten: Was der Mensch sät, das wird er ernten.

Bist du dir dessen bewusst, dass du – egal wer du bist – das nicht ändern kannst?

Bist du dir dessen bewusst, dass diese Gesetzmäßigkeiten nicht manipulierbar sind und wirklich für jeden Menschen auf dieser Erde gelten?

Bist du dir auch bewusst, dass es wirklich so einfach ist? Alles fängt bei dir an. Bei dem, was du ausstreust als Samenkörner.

Ich durfte das in meinem Leben sehr oft erleben, positiv und negativ. Auch ich habe immer wieder negative Aussaat gemacht – meist unbewusst, oder ohne zu bedenken – und die Ernte ist nicht ausgeblieben. Und dadurch habe ich auch sehr viel gelernt.

Und ich bin sehr dankbar dafür, weil aus all diesem eigenen Erleben sich auch schrittweise meine Botschaft authentisch geformt hat und ich heute weitergeben darf, was ich gelernt habe und von dem ich überzeugt bin, dass es anderen Menschen wirklich hilft, vorwärtszukommen.

13. Habe ich die Fähigkeit für andere Menschen – Mitarbeiter und Kunden – echte Erlebnisse zu schaffen?

Bist du ein Mensch, der die Fähigkeit besitzt Erlebnisse zu schaffen? Sicherlich, vielleicht sogar ganz unbewusst.

Wir alle schaffen Erlebnisse, ob wir das wollen oder nicht, ob wir das mitkriegen oder nicht. Manche Erlebnisse sind so gar nicht attraktiv für andere Menschen und wir bemerken es gar nicht, dass wir der Auslöser dafür waren.

Die entscheidende Frage ist ja nicht:

Was will ich verkaufen? Sondern: Was haben andere Menschen davon, dass es mich gibt?

Die entscheidende Frage ist auch nicht:

Was will ich im Leben erreichen? Wobei diese Frage natürlich sehr wichtig ist, dass du sie dir stellst. Wenn du keine Ziele hast, dann weißt du auch nie, ob du angekommen bist oder nicht.

Die wirklich entscheidende Frage ist auch nicht:

Welchen Nutzen stifte ich meinen Kunden? Wobei das sehr wichtig ist, dass der Nutzen wirklich stimmt und vielleicht sogar einzigartig gut ist. Aber Nutzen stiften ist schon ein sehr abgegriffenes Wort in der wirtschaftlichen Welt.

Nutzen stiften tut jeder und der Kunde – als Laie – kann oft gar nicht mehr beurteilen, wer den größten Nutzen wirklich stiftet, weil die Angebote so vergleichbar geworden sind.

Nutzen stiften ist eine wichtige Voraussetzung für ein er*voll*greiches Leben. Aber des Nutzens wegen alleine laufen dir die Kunden noch lange nicht hinterher und wegen des Nutzens alleine wirst du sicherlich noch nicht weiterempfohlen.

Die alles entscheidende Frage ist: Was ERLEBEN andere Menschen, wenn sie mir oder meinen Mitarbeitern begegnen?

14. Was erleben andere Menschen – meine Freunde, meine Kunden, meine Mitarbeiter etc. – wenn sie mir begegnen?

Hast du dir diese Frage schon wirklich gestellt, oder setzt du einfach voraus, dass die Leute es lieben in deiner Nähe zu sein, weil du so schön bist, so fesch bist, so gut gekleidet bist, so erfolgreich bist, so eloquent bist, so gut ausgebildet bist usw.

Was erleben andere Menschen, wenn sie dir begegnen?

Davon hängt ab, ob sie dir wieder begegnen möchten oder nicht. Wollen sie dir wieder begegnen, kommen sie immer wieder, nehmen neue Menschen mit, Empfehlungsmarketing beginnt zu wachsen, deine Zukunft ist gesichert.

Wollen sie dir aber nicht mehr begegnen, weil es nicht so toll war, machen sie wieder einen Bogen um dich herum und dann bist du wieder am Rudern, um neue Kunden zu finden.

Sind die Menschen, nachdem sie dir begegnet sind:

- Stärker oder schwächer?
- Reicher oder ärmer?
- Begeisterter oder frustrierter?
- Ermutigter oder entmutigter?
- Haben die Menschen, weil sie dir begegnet sind, mehr Hoffnung für die Zukunft, oder hast du ihnen die letzte Hoffnung genommen?
- Ist das Leben der Menschen, weil sie dir begegnet sind, einfacher oder komplizierter geworden?

Davon hängt ab, ob sie dir wieder begegnen möchten oder nicht.

Nochmals: Wollen die Menschen dir so schnell wie möglich wieder begegnen, weil das Erlebnis mit dir einzigartig erfüllend war, dann kommen sie immer wieder. Nehmen neue Menschen mit. Empfehlungsmarketing wächst, Zukunft gesichert.

Ich kann dir daher wirklich empfehlen, beginne daran zu arbeiten, dass ein Zusammentreffen mit dir wirklich zum Erlebnis für andere Menschen wird.

Egal in welcher Branche du tätig bist, du wirst er*voll*greich sein, weil die Menschen in erster Linie deinetwegen zu dir kommen und nicht wegen deiner Produkte.

15. Bin ich für andere Menschen eine Tankstelle oder eine Absaugstation?

Diese Frage gehört ganz stark auch zu der Frage, ob du ein Erlebnis bist für andere Menschen. Vor allem, welche Art von Erlebnis?

Menschen wollen genauso aufgetankt werden wie Autos, bevor sie auf die Reise gehen.

Autos brauchen regelmäßig neuen Treibstoff. Menschen auch.

Stell dir vor, du bist die einzige Tankstelle in München, die in der Lage ist, Treibstoff für Autos zu liefern. Glaubst du, diese Tankstelle braucht noch eine Marketingabteilung, Werbeabteilung oder gar eine Vertriebsabteilung? Nein, sicher nicht. Innerhalb von Minuten gibt es eine lange Autoschlange in Richtung deiner Tankstelle – und Mundpropaganda (Empfehlungsmarketing) läuft so schnell wie der Wind.

Das Gleiche ist es, wenn du dafür bekannt wirst, eine Tankstelle für Menschen zu sein. Bei dir kann man so richtig auftanken für die nächste Arbeitswoche. Du füllst die Menschen mit deiner Gegenwart und deinen Worten mit Power, Mut, Weisheit, gibst Orientierung für die nächsten Schritte usw.

Glaubst du nicht, dass auch hier die gleichen Automatismen eintreten werden wie beim Auto-Auftanken? Du bist einfach attraktiv, das bringt

Autos brauchen

regelmäßig

neuen Treibstoff.

Menschen auch.

Anziehungskraft, Nachfrage, Stückzahlen usw. Alles eine kybernetische Folge deiner Tankstellen-Dienste.

Aber was kann man bei dir tanken? Womit füllst du die Menschen, die zu dir kommen? Was erzählst du ihnen? Was erleben sie bei dir?

Stell dir vor, du fährst zur Tankstelle mit deinem Auto, du hast nur mehr zwei Liter Benzin im Tank und erwartest, dass der Tankwart deinen Tank auffüllt. Der Tankwart aber, ein Egoist, saugt dir auch noch die letzten beiden Liter ab, anstatt deinen Tank zu füllen. Würdest du die Nähe dieser Tankstelle ein zweites Mal suchen? Sicher nicht. Genauso ist es bei Menschen.

Wenn sie bei dir abgesaugt werden, werden sie kein zweites Mal kommen. Wenn sie bei dir gefüllt werden mit Vision, Freude, Power, Orientierung, Ermutigung usw., dann kannst du sicher ein, sie kommen wieder und nehmen neue Menschen mit.

Empfehlungsmarketing beginnt automatisch immer stärker zu laufen und es kommt der Tag, wo du keinerlei Mangel mehr hast an neuen Kontakten.

Es ist so einfach. Einfach umdenken.

16. Gibt es eine Gruppe von Menschen, deren Herzen mir bereits zufliegen – und kenne ich auch den Grund dafür?

Wenn dir die Herzen der Menschen zufliegen – und diese Menschen auch deine Kunden sind – dann fliegt dir auch das Geld zu. Ganz automatisch.

Das ist das Geheimnis außergewöhnlicher Er*voll*ge.

Die meisten Unternehmer und Führungskräfte sprechen immer von Marktanteilen. Der Firmenchef sagt bei der Weihnachtsfeier zu seinen Mitarbeitern: „Wir müssen unsere Marktanteile erhöhen.“ Er sagt aber nicht, wie das wohl am besten geht.

Wir dürfen eines nicht vergessen: Es geht um Menschen auf dieser Welt, nicht um Marktanteile.

Echte Leadership ist,

wenn ein Unternehmer

sein HERZ mit den HERZEN

anderer Menschen verbindet

und dadurch eine

gemeinsame Vision

realisiert wird.

Marktanteile (Marketshare) sind ja nur die automatische Folge von Hirnanteilen (Mindshare). Wenn ein Mensch schon Tag für Tag an dich denkt und dann eines Tages das Problem hat, das du mit deinen Stärken lösen kannst, und das nötige Geld dazu, dann kommt er automatisch zu dir. Er denkt ja schon immer an dich.

Das nennt man Mindshare. Wie viel/wie oft denkt ein Mensch an dich und dein Angebot? Du hast seinen Verstand schon gewonnen, wenn jemand oft an dich denkt.

Aber die Hirnanteile – Mindshare – sind auch nur die automatische Folge von den Herzensanteilen, die du bei einem Menschen bereits gewonnen hast (Heartshare). Wenn du das Herz eines Menschen gewonnen hast, dann denkt er schließlich fast immer an dich, oder?

Stell dir vor, du hast das Herz einer bestimmten Dame gewonnen. Automatische Folge: Sie denkt den ganzen Tag an dich. Wer glaubst du hat dann abends bei ihr die größten Marktanteile? Ich denke, du weißt es sicher.

Also, wenn wir uns darauf konzentrieren, die Herzen anderer Menschen, die Herzen unserer Mitarbeiter, die Herzen unserer Geschäftspartner, die Herzen unserer Kunden zu gewinnen und diese Herzen beginnen uns zuzufliegen, dann fliegt uns der Er*voll*g (materiell und immateriell) automatisch zu.

Einer meiner Kollegen – ich weiß nicht mehr welcher – sagte mal: Kunden kaufen Rabatte, Fans kaufen dich.

17. Weiß ich, was andere Menschen in der heutigen Zeit suchen?

Wenn du wirklich er*voll*greich sein möchtest, dann musst du wissen, was andere Menschen suchen. Menschenspezialisten wissen das.

Denn wenn du hast, was andere Menschen suchen, dann brauchst du die Menschen nicht mehr suchen, weil die Menschen dich suchen.

Denk an die Tankstelle. Wenn dein Treibstoff-Tank leer ist, dann beginnst du zu suchen – nach der nächstliegenden Tankstelle, stimmt's?

Weißt du, was die Menschen von heute wirklich suchen? Geh mal auf die Straße und stell diese Frage.

Das Erste wird sein: „Gesund bleiben."

99 % der Menschen haben das an erster Stelle. Gesundheit bewahren, nicht Krankheit bekämpfen müssen. Das ist der Wunsch jedes Menschen.

Kannst du ihnen dabei helfen?

Gesundheit für Körper, Seele und Geist. Das ist immer eine Frage der richtigen Ernährung. Nicht nur für den Körper. Es gibt auch Vitalstoffe für die Seele und den Geist. Bist du in der Lage, egal in welcher Branche du tätig bist, Menschen in ihrer Seele und in ihrem Geist zu stärken? Damit sie gesund bleiben oder wieder werden in Seele und Geist. Der Geist ist es nämlich, der lebendig macht, die Hardware alleine nützt nichts. So steht es in einem weltbekannten Bestseller.

Das Zweite, was die Menschen suchen, wenn sie gesund sind:

„Ein bisschen mehr Geld wär auch nicht schlecht." Keinen Mangel an Geld mehr. Mangel an Geld ist der Atmosphäre-Killer Nr. 1 in den Familien. Was da alles zerstört wird, nur weil fast täglich über ein paar Hundert fehlende Euro im Monat gestritten wird.

Eine Studie aus Deutschland aus dem Jahre 2012 sagt, dass 71 % aller Paare regelmäßig wegen Geld streiten. Aber nicht, weil sie zu viel haben.

Kannst du den Menschen dabei helfen, diesen Atmosphäre-Killer Nr. 1 beseitigen zu helfen, entweder durch Einsparungen oder durch Zusatzeinkommen?

Dann hast du den nächsten wichtigen Schritt genommen in die richtige Richtung.

Was suchen die Menschen, wenn sie gesund sind und auch genügend Geld haben?

Die Gemeinschaft mit gleichgesinnten Menschen. Um nicht einsam und alleine zu sein. Wenn du den Menschen diese 3 G (Gesundheit, Geld, Gemeinschaft) bringen kannst, dann bist du auf der Straße zum ganzheitlichen Er*voll*g.

18. Weiß ich auch, was ich für andere Menschen tun kann und was jeder Mensch für sich selbst tun muss?

Leider sind viele Menschen nicht er*voll*greich, weil sie nicht wissen, was man für andere Menschen wirklich tun kann und was nicht. Sie versuchen Dinge für andere Menschen zu tun, die jeder selbst tun muss – und dann sind sie ausgebrannt, weil es nicht funktioniert. Ein Menschenspezialist weiß das.

Was können wir für andere Menschen tun?

Erstens: Wir können sie abholen. Abholen in ihrem Frust, in ihren Herausforderungen, in ihren Problemen, in ihrem falschen Denken, in ihrer negativen Situation, in ihrem Mangel usw.

Menschenspezialisten sind Abholspezialisten. Das haben wir schon besprochen. Das ist das Wichtigste. Der frustrierte Mensch holt sich in aller Regel nicht selbst ab. Er wartet auf das, was auf ihn zukommt. Bist du es, der auf ihn zukommt, ihn abholt? Also Abholen.

Das Zweite, was wir für andere Menschen tun können, ist: Sie ausbilden. Ausbilden für die Arbeit, die sie zu machen haben. Ausbilden für die Aufgaben, die auf dem Weg zu einem erfüllten Leben zu erledigen sind. Fachliche Ausbildung, menschliche Ausbildung, mentales Training, Werte bilden helfen usw.

Wenn du die Menschen, die du abgeholt hast, nicht auch ausbildest für das, wofür du sie abgeholt hast, dann werden sie nicht lange bei dir bleiben. Auch das weiß ich aus eigener Erfahrung. Also Ausbilden.

Das Dritte, was wir für andere Menschen tun können, ist: Atmosphäre schaffen.

Die Herzen

anderer Menschen sind

der Ackerboden.

Ist der Ackerboden

aufnahmebereit?

Wenn nicht, schade um

das Samenkorn.

Wenn wir Menschen abgeholt haben, ausgebildet haben für ihren Job, dann ist es – wenn wir möchten, dass die Menschen bei uns bleiben – sehr wichtig, dass wir auch eine Atmosphäre schaffen, in der die Menschen aufblühen können. Ich meine wirklich zur Blüte kommen. Es wird dir nicht mit jedem Menschen gelingen, aber es muss deine erklärte Absicht sein, Menschen zur Blüte zu führen.

Also, wir können Menschen abholen, ausbilden und zum Aufblühen bringen.

Was wir aber nicht können – und das sollst du nicht einmal versuchen, weil es dir viel Kraft kostet – ist:

Für andere Menschen Ent-Scheidungen zu treffen. Andere Menschen zu ent-wickeln, das heißt, sie von ihren Verwicklungen zu befreien und andere Menschen ent-falten. Jeder Mensch muss sich selbst ent-scheiden, selbst ent-wickeln und auch selbst ent-falten.

Wir können die Menschen dazu inspirieren, ermutigen und die Schritte dahin aufzeigen. Aber das sind Dinge, die jeder mit seinem freien Willen selbst tun muss.

19. Was bedeutet für mich „Werft keine Perlen vor die Säue“?

Ein Menschenspezialist ist ein Sämann. Er sät Samenkörner in die Herzen der Menschen, die den Weg mit ihm gehen bzw. sich ihm nähern, ihm zuhören und interessiert sind an dem, was er anzubieten hat.

Der Sämann sät den Samen. Das kann ein Wort sein, eine Handlung, eine Problemlösung etc. Ganz einfach ein Angebot an den Ackerboden, den Samen (ein Paket voll mit Power) aufzunehmen und bis zur Frucht weiterzuentwickeln.

Die Herzen anderer Menschen sind der Ackerboden. Ist der Ackerboden aufnahmebereit? Wenn nicht, schade um das Samenkorn.

Lebst du bereits in

deiner Berufung,

bist du in deinem Element,

wenn du die Dinge tust,

die zu tun sind?

Die Menschen um dich

herum spüren es.

Eines ist wichtig zu bedenken: Die Qualität der Ernte ist abhängig von der Qualität des Samenkorns. Die Quantität der Ernte ist abhängig von der Qualität des Ackerbodens.

Es kann daher sehr gut möglich sein, dass du ein wirklich qualitatives Samenkorn auf den Ackerboden bringst (das Herz anderer Menschen), aber dieser Ackerboden nicht aufnahmefähig ist.

Es gibt Ackerböden (Herzen), die sind verhärtet wie eine Asphaltstraße. Schade um das Samenkorn.

Es gibt Herzen, die sind steinig, voller Bitterkeit, Vorwürfe, Unvergebenheit sich selbst und anderen gegenüber, gefüllt mit Kritiksucht, Streitsucht usw. Manchmal etwas durchsetzt mit Erde, aber dann gleich wieder steinig. Hier kann nichts wachsen. Schade um das Samenkorn.

Es gibt Herzen, die sind zwar offen im Moment und hätten auch die Voraussetzungen dafür etwas hervorzubringen, aber das Samenkorn kann keine Wurzeln schlagen, weil die Hitze des Alltags (Sorgen, Gier usw.) gleich wieder alles vernichten. Schade um das Samenkorn.

Es gibt aber auch Herzen, die sind vorbereitet, manche sogar sehr gut vorbereitet. Das Timing stimmt auch, das Samenkorn (dein Angebot) fällt auf fruchtbaren Boden und bringt Frucht, teils 30-fach, teils 60-fach, teils 100-fach.

Samenkörner sind Perlen. Sie haben alles Potenzial für eine große Multiplikation, für eine reiche Ernte.

„Wirf keine Perlen vor die Säue" bedeutet daher: Schau dir den Ackerboden gut an und wirf dein Samenkorn nicht auf die Asphaltstraße oder auf steinigen Boden oder unter die Disteln und Dornen. Schade um das Samenkorn.

20. Betrachte ich mich selbst als authentisch? Bin ich in meinem Element?

Ja, authentisch sein ist in diesen Zeiten das Allerwichtigste. Das ist das, was die Menschen suchen. Wenn jemand authentisch ist, hört man ihm gerne zu. Er ist glaubwürdig und attraktiv.

Wirklich authentisch bist du aber nur dann, wenn du auch in der gottgegebenen Berufung lebst und nicht irgendeine Rolle spielst, für die du sehr gut dressiert worden bist.

Manche Menschen sind zwar sehr gut in dem, was sie tun und auch er*voll*greich dabei, aber wenn man genau hinschaut, dann erkennt man: Das ist nur eine Rolle, die gespielt wird und für die jemand ganz besonders gut ausgebildet wurde. Aber er lebt nicht in seiner Einzigartigkeit, nicht in seiner eigentlichen Berufung.

Bist du in deinem Element bei dem, was du tust?

Wenn jemand in einer Sache sehr gut ist und dabei vollkommen authentisch, dann sagen die Menschen: „Da ist er/sie wieder in seinem Element." Es geht so richtig von der Hand, fließt aus ihm raus und die Menschen um ihn herum spüren die Power, die hier automatisch mitkommt.

Wenn der Fisch nicht in seinem Element ist – im Wasser – dann liegt er am Boden.

Wenn der Adler nicht in seinem Element ist – in der Luft – dann liegt er auch am Boden.

Wenn der Mensch nicht in seiner gottgegebenen Berufung lebt, dann liegt er auch am Boden. Und manche Menschen lassen sich dann auch noch beraten von Menschen, die auch am Boden liegen. Was soll da draus werden?

Lebst du bereits in deiner Berufung, bist du in deinem Element, wenn du die Dinge tust, die zu tun sind? Die Menschen um dich herum spüren es.

Tue alles, um so schnell wie möglich in dein Element zu kommen. Denn dort bist du wirklich gut. Ganz automatisch. Es fließt aus dir raus. Kostet dir fast keine Energie und die Menschen um dich herum finden dich wirklich sehr attraktiv, wenn du so bist, wie du eben bist.

Wenn du aufgehört hast, eine Rolle zu spielen und in deinem Element lebst, dann bist du auch in der Lage anderen Menschen zu helfen, in ihr Element zu kommen.

Das macht dich dann richtig attraktiv für deine Zielgruppe.

21. Habe ich die Bereitschaft andere Menschen zu verstehen, oder will ich nur von anderen Menschen verstanden werden?

Ein Menschenspezialist trachtet nicht so sehr danach, dass andere Menschen ihn verstehen. Er tut aber alles, um die Menschen um ihn herum zu verstehen.

Viele Menschen sagen, wenn etwas nicht wirklich weitergeht:

„Es versteht mich ja keiner.“ Oder: „Der/die versteht mich ja nicht.“

Es geht nicht darum, dass man dich versteht. Es geht zuerst darum, dass du die Menschen, mit denen du zu tun hast, verstehst.

Du kannst dich hineinversetzen in ihre Situation, du hörst ihr Herz, wenn sie sprechen, nicht nur ihre Stimme, du versuchst zu empfinden, wie sie empfinden und in ihren Schuhen zu gehen. Wenn dir das wirklich gelingt, dann bist du bei diesen Menschen hoch attraktiv.

Wenn die Menschen spüren, dass du sie verstehst, dann werden die Menschen um dich herum auch dich verstehen. Es entsteht eine neue Kompatibilität.

Wenn du dich bemühst, die Menschenherzen um dich herum zu verstehen, dann werden sich die Menschen um dich herum auch bemühen, dein Herz zu sehen und nicht nur deine Worte zu hören.

Was der Mensch sät, das wird er ernten. Das gilt auch hier.

Deine Gewohnheiten

bestimmen über

deine Zukunft.

Zig Ziglar, der große amerikanische Motivations-Spezialist – von dem auch ich viel gelernt habe – hat in den 60er Jahren folgenden Spruch geprägt, der bis heute noch zum Sprachschatz vieler Amerikaner gehört:

„Hilf genügend anderen Menschen, dass sie bekommen, was sie sich wünschen, und du wirst viele Menschen um dich herum haben, die mit Begeisterung auch dir helfen, dass du bekommst, was du dir wünschst."

Wenn du mit deiner Botschaft verstanden werden möchtest, dann sollst du beginnen alles zu tun, um die Menschen um dich herum zu verstehen. Was sie bewegt und was ihre Träume, Visionen und Ziele für ihr Leben sind.

Du wirst dich wundern, wie schnell es dann geht, die Herzen der Menschen zu gewinnen.

22. Bin ich mir der „Macht der Gewohnheit" bewusst und habe ich meine Gewohnheiten auf meine künftige Aufgabe abgestimmt?

Viele Menschen kommen im Leben trotz großer Ziele nicht weiter, weil sie ihre Gewohnheiten nicht im Griff haben bzw. ihre Gewohnheiten nicht für diese Ziele arbeiten, sondern dagegen. Ohne es zu bemerken.

Jeder von uns hat die Aussage schon mal gehört: Die Macht der Gewohnheit.

Ja, die Gewohnheiten sind eine gewaltige Macht in deinem Leben. Sie können für dich arbeiten oder auch gegen dich. Sie können dir das Leben sehr einfach machen, aber auch sehr schwierig.

Deine Gewohnheiten bestimmen über deine Zukunft.

Du hast dir sicherlich auch schon einmal diese Frage gestellt: „Warum gibt es das: Onkel Hans hat nichts studiert, ist mit 14 aus der Schule gegangen und egal was er tut, es gelingt ihm. Er fällt immer auf die Butterseite. Onkel Sepp hingegen ist sehr gescheit, hat 3 Doktortitel, weiß alles und egal was er beginnt, es misslingt ihm. Er ist sogar arbeitslos, obwohl er so viel studiert hat."

Was kann hier der Grund dafür sein?

Ganz einfach. Onkel Hans hat seine Hosentasche voller Weizenkörner. Gute Gewohnheiten, ein gutes Wort für jedermann, eine Ermutigung pur, wenn man ihm begegnet. Die Samenkörner fallen aus seiner Hosentasche raus, ohne dass er es bemerkt.

Onkel Sepp hingegen hat seine Hosentasche voller Unkrautkörner. Schlechte Gewohnheiten, Kritiksucht, weiß alles besser, keiner kann ihm was recht machen, muss immer das letzte Wort haben usw. Die Samenkörner fallen auch aus seiner Hosentasche, ohne dass er es bemerkt.

Eines ist klar: Dem Ackerboden ist total egal, ob jemand ein Samenkorn bewusst pflanzt, oder es ihm unbemerkt aus der Hosentasche fällt. Der Ackerboden hat keine Macht über das Samenkorn. Er kann es nicht ändern. Er reproduziert einfach nach der Art des Samenkorns.

Wenn sich Onkel Hans umdreht und als Ernte das gelbe Weizenfeld sieht, sagt er: „Mei, geht's mir gut."

Wenn sich Onkel Sepp umdreht und als Ernte das Unkraut sieht, sagt er: „Das ist nicht fair."

Aber Gott lässt seiner nicht spotten: Was der Mensch sät, das wird er ernten. Also achte auf deine Samenkörner - deine Gewohnheiten sind deine Zukunft.

23. Weiß ich, woran man die wahren Prioritäten eines Menschen wirklich erkennen kann, oder kann man mir ganz leicht ein X für ein U vormachen?

Ja, manche Menschen glauben einfach, was man ihnen sagt und haben keine Ahnung, wie man die wahren Prioritäten eines Menschen erkennen kann.

Aber eigentlich ist das ganz einfach:

Wenn ich wissen möchte, was die wahren Prioritäten eines Menschen sind, dann schau ich mir drei Dinge an:

1. Seinen Terminkalender. Jeder Mensch hat 24 Stunden pro Tag. Die Frage ist nur: Wie setzt er diese gewaltige Energie ein? Was dir wirklich wichtig ist im Leben, dafür hast du immer Zeit.

   Vor einigen Jahren sagte mal ein Unternehmer zu mir: „Das Wichtigste in meinem Leben sind meine Kinder. Leider habe ich keine Zeit für sie." Dann habe ich seinen Terminkalender gesehen und gesehen, dass er zweimal pro Woche einen ganzen Nachmittag auf dem Golfplatz verbringt. Dann wusste ich, dass ich seinem Worte keinen Glauben schenken soll. Golf war ihm viel wichtiger als seine Kinder.

2. Sein Bankkonto. Aber mich interessiert nicht, wie viel Geld jemand hat, sondern wohin es fließt. Ich habe das immer und immer wieder bemerkt: Menschen sagen: „Ich würde ja so gerne und ist mir wirklich wichtig, aber leider haben ich kein Geld, um das zu tun." Gleichzeitig haben sie aber Geld für alle anderen oft wirklich unvernünftigen Dinge. Wofür jemand Geld hat, daran erkennt man seine wahren Prioritäten.

3. Seine Informationsaufnahme. Wenn jemand sagt, dass ihn eine Sache brennend interessiert, aber er hat Tage später dazu noch keine Information aufgenommen, das übergebene Buch, Prospekt, Download etc. noch nicht gelesen, aber er sitzt gleichzeitig vor dem Fernsehschirm, um sich eine Nachrichtensendung nach der anderen hineinzuziehen, oder gar seine Zeit mit allen möglichen Movies verbringt, dann weiß ich, wo wirklich seine Prioritäten liegen. Denn wenn etwas wirklich brennend interessant ist, dann mache ich sofort Zeit frei dafür, um mehr darüber zu erfahren.

Ja, ein Menschenspezialist weiß, wo er hinschauen muss, wenn er die wahren Prioritäten eines Menschen erfahren möchte.

Auch Akademiker

haben ohne Charakter

keine Zukunft!

24. Lebe ich mehr in der Vergangenheit, mehr in der Gegenwart oder mehr in der Zukunft?

Menschenspezialisten leben in der Gegenwart. Denn nur HEUTE kann man die Dinge erledigen, die es zu tun gibt. Gestern war heute, morgen ist wieder heute. Darum heißt es ja schon in der Bibel: HEUTE ist der Tag des Heils.

Wo lebst du? In der Vergangenheit, in der Gegenwart oder in der Zukunft?

Ich werde immer wieder gefragt: „Soll man sich dann überhaupt mit seiner Vergangenheit beschäftigen?"

Meine Antwort ist eindeutig JA. Aber nur mit einer Motivation: daraus zu lernen. Von den Fehlern von gestern können wir viel lernen. Von den Erfahrungen von gestern können wir auch viel lernen. Von den Erfolgen von gestern genauso. Es ist nur wichtig, dass du, wenn du in die Vergangenheit schaust, vorher sicherstellst, dass du wirklich VERGEBEN hast. Dir selbst und all den Menschen um dich herum, die in der Vergangenheit eine Rolle in deinem Leben gespielt haben.

Vergeben. Hundertprozentig. Wenn du das nicht getan hast, ist die Gefahr sehr groß, dass du sofort wieder von Schuldgefühlen und Vorwürfen etc. übermannt wirst und die ziehen dich sofort wieder hinunter. Wenn du noch nicht wirklich vergeben hast, dann kostet dir jeder Blick in die Vergangenheit eine Menge Energie. Wenn du aber wirklich in Vergebung lebst – dir gegenüber und all den anderen gegenüber – dann kannst du aus der Vergangenheit viel lernen.

Soll man in der Zukunft leben?

Ja, natürlich, aber auch hier nur eine gewisse Menge an Zeit. Sei kein Tagträumer, der sich nur mit der Zukunft beschäftigt, aber HEUTE nichts dafür tut. Ja, wir planen die Zukunft, wir visionieren, wir malen uns die Ernte von morgen aus und bereiten uns darauf vor, aber vergiss nicht, HEUTE etwas dafür zu tun.

HEUTE IST DER TAG, an dem du lebst und das, was du heute tust, das wird Auswirkungen haben auf dein Morgen. Was du heute nicht tust, wirst du nie tun, weil jeden Tag ein Heute ist.

Also mein Vorschlag: 10 % deiner Zeit gehören der Vergangenheit, um daraus das Gute in die Zukunft mitzunehmen. 20 % deiner Zeit gehören deiner Zukunft, damit du immer sicherstellst, dass du auch weißt, wohin du gehst. Aber 70 % deiner Zeit – HEUTE – gehören dem HEUTE, um das zu tun, was getan werden muss, um das erleben zu können, was du gerne erleben möchtest.

25. Weiß ich, dass in der Gerüchteküche noch nie jemand er*voll*greich geworden ist – schon gar nicht in der „Gerüchte-Vertriebsabteilung"?

Es gibt Menschen, die leben ihr Leben in der Gerüchteküche und wundern sich, warum sie nicht weiterkommen.

Dazu kann ich nur eines sagen: In der Gerüchteküche ist noch nie jemand er*voll*greich geworden. In der Gerüchteküche beschäftigt man sich nicht mit sich selbst, sondern überwiegend mit den – vermeintlichen – Fehlern anderer Leute. Du bist beschäftigt in deinem Hirn mit Dingen, von denen du weder weißt, ob sie stimmen, noch dir etwas bringen.

Du sagst vielleicht: „Ja, das ist ja hochinteressant, was man sich so erzählt über andere Menschen." Ja, das mag schon sein, dass es dich interessiert, aber gehe davon aus, dass es dich nicht er*voll*greich macht. Es kostet nur Zeit. Es kostet dir eine Menge Energie und vor allem es kostet dich jede Menge Attraktivität.

Dann gibt es sogar Menschen, die sind den ganzen Tag über in der Gerüchte-Vertriebs-Abteilung beschäftigt. Stell dir das einmal vor.

Du beschäftigst dich nicht nur mit den Dingen anderer Menschen, sondern setzt dein Leben zusätzlich noch dafür ein, dass die Gerüchte weitergetragen werden. Das muss doch jeder erfahren, was hier wieder – angeblich – passiert ist. So ist man ganz sicher nicht attraktiv und wird ganz sicher nicht er*voll*greich.

Hast du überhaupt überprüft, was du gehört hast? Bist du sicher, dass es stimmt?

Wenn du nicht sicher bist bzw. es selbst nicht wirklich geprüft hast, dann würde ich es nicht weitererzählen.

Wenn du dir die Zeit genommen hast und es geprüft hast und für richtig befunden hast, würde ich es trotzdem nicht weitererzählen. Weil es erstens nicht deine Aufgabe ist, andere Menschen in ein schlechtes Licht zu bringen und zweitens, es dich sehr stark hindert an der Umsetzung deiner eigenen Vision. Es kostet Zeit, Kraft und als Gerüchte-Vertriebler bist du ganz sicherlich nicht für andere Menschen attraktiv. Und bezahlen tut dich auch keiner dafür.

Und außerdem denke an die Goldene Regel:

Was du nicht willst, das man dir tut, das füg‘ auch keinem anderen zu.

Du bist doch auch froh, wenn andere Menschen über dich nicht alles Mögliche Negative – wahr oder unwahr – weitererzählen.

Menschenspezialisten wissen, dass man das nicht tut und dass das auch nichts bringt.

Modul 5:
Visionäre Leadership – Menschen führen zu einem gemeinsamen Ziel

1. Glaube ich, dass ich Leadership-Fähigkeit besitze?

Das ist die erste und wichtigste Frage, wenn es um Leadership geht. Leider meinen wirklich viele Menschen, sie hätten in Bezug auf Leadership (Menschen führen) keine Begabung. Aber das stimmt nicht. Jeder Mensch hat dafür die Grundausstattung mitbekommen von unserem Schöpfer.

Frage: Wer kennt den Unterschied zwischen Arnold Schwarzenegger und mir? Also, Arnold war Gouverneur von Kalifornien und ich nicht. Wer aber weiß, was Arnold Schwarzenegger und ich gemeinsam haben? Gute Frage.

Ich habe genauso viele Muskeln mitgekriegt auf diese Erde wie Arnold. Arnold hat keinen einzigen Muskel mehr als ich. Er hat nur mit so manchem Muskel etwas getan, mit dem ich nichts getan habe.

Genauso ist es mit dem „Leadership-Muskel". Jeder von uns hat die Grundausstattung dafür, andere Menschen in ihre Berufung zu führen. Der eine tut etwas damit und der andere nicht. Der eine hat eine stärkere Neigung dazu, etwas damit zu tun wie der andere. Aber die Grundausstattung ist für alle gleich. Wie bei den Muskeln unseres Körpers.

Du hast vielleicht noch nie echte Leadership erlebt. Vielleicht waren deine Eltern gute Versorger, aber haben sich nie mit deiner Zukunft wirklich beschäftigt. Vielleicht hat deine Kindergärtnerin gut aufgepasst auf dich, damit du nicht davonläufst, aber sich nicht in dich investiert. Vielleicht hattest du in der Schule als Lehrer nur Informationsvermittler, vielleicht besonders gute Informationsvermittler, aber der Lehrer hatte vielleicht kein besonderes Interesse an der Frage, was wohl aus dir wird und wie er dir dabei helfen könnte. Er hat Information weitergegeben, aber sich nicht in deine Träume, Visionen und Ziele investiert. Vielleicht hattest du einen sehr guten Techniker als Lehrmeister in dem erlernten Handwerk, aber keinen wirklichen Leader erlebt. Daher ist dein Leadership-Muskel vielleicht noch nie trainiert worden.

Aber es ist noch nicht zu spät. Die Grundausstattung für echte Leadership ist bei dir immer noch vorhanden. Wenn du beginnst, dich mit diesem Thema wirklich intensiv zu beschäftigen, wirst du feststellen, dass dir nie mehr im Leben langweilig sein wird.

2. Habe ich bisher schon Erfahrung gesammelt in Menschenführung – betrachte ich mich als einen geborenen Leader?

Wie schon erwähnt: Die Grundausstattung für wahre Leadership ist auch in deinem Leben vorhanden. Die Frage ist nur: Hast du bisher mit dieser Grundausstattung etwas getan oder nicht?

Es ist natürlich ein großer Vorteil, wenn du in einem Elternhaus aufgewachsen bist, in dem das Thema Träume, Visionen, Ziele, Talente und Berufungen als ein wichtiges Thema ständig besprochen wurde. Und dazu immer wieder ermutigt wurde, mit den Talenten etwas zu tun und deine Träume zu realisieren.

Bei uns zu Hause ist das seit 30 Jahren das Thema der Familie. Wenn sich unsere Kinder – heute alle erwachsen und er*voll*greich – treffen, dann dauert es nicht lange und wir sind schon wieder beim Thema. Einer möchte gerne vom anderen wissen, wohin er gehen wird, was seine weiteren Projekte und Ziele sind und sie übertreffen sich fast in der Begeisterung darüber zu reden.

Sie haben zu Hause nichts anderes gehört. Das war immer das Thema in unserer Familie: WARUM bin ich auf dieser Erde? Was sind meine Träume, Visionen und Ziele? Wohin möchtest du gehen? Was möchtest du, dass aus dir wird?

Unsere Kinder waren daher im Kindergarten und in der Schule schon immer diejenigen, die eine starke Neigung dazu hatten ihre Schulkameraden zu inspirieren, herauszufordern, voranzugehen, Leadership zu übernehmen, wenn es darum ging, Projekte zu realisieren.

Du sagst jetzt vielleicht: „Ja, schön für euch, aber ich habe das alles nicht erlebt. Wir haben zu Hause über ganz andere Dinge gesprochen, z.B. darüber, was unsere Nachbarn und Verwandten alles falsch machen. Mein Vater hat über die Regierung geschimpft und meine Mutter an allem herumgenörgelt. Was soll ich tun, ich bin einfach so aufgewachsen, das ist mein Background."

Mag sein, aber es ist noch nicht zu spät. Du kannst heute noch beginnen umzudenken, neue Gesprächsinhalte in Richtung Menschen, Leadership und das Positive im Leben einzuführen. Du musst jedoch bei DIR beginnen und nicht bei den anderen. Was du von dir gibst, entscheidet darüber, was sich in deinem Umfeld so alles tut. Wen du anziehst, wer dir zuhört, wohin du gehst und ob andere Menschen sich von dir führen lassen oder nicht.

Umdenken, neu orientieren beginnt in deinen Gedanken, setzt sich fort in deinen Worten und die Handlungen und Ergebnisse sind die automatische Folge davon.

Leadership beschäftigt

sich mit Effektivität.

Das Richtige zu tun.

Management beschäftigt

sich mit Effizienz.

Es richtig zu tun.

3. Bin ich mir dessen bewusst, dass Leader nicht geboren, sondern im Leben geformt werden?

Manche Leute glauben, ein Leader wird geboren. Aber wie schon gesagt, jeder von uns kommt mit der gleichen Anzahl an Muskeln auf die Welt.

Wie schon gesagt: Das, was du bisher erlebt hast, bisher gedacht und gesprochen hast, getan hast, entschieden hast, das ist auch das, was deine heutige Ist-Situation ist.

Du bist heute das, was du bist aufgrund deiner Entscheidungen, die du bisher – bewusst oder unbewusst – getroffen hast. Möchtest du dein Leben verändern und neue Wege gehen, neue Gedanken denken, eine neue Richtung einschlagen, dann ist das nur eine einzige Grundsatz-Entscheidung entfernt, die du jeden Tag – sofort – treffen kannst, wenn du wirklich möchtest.

Leader werden nicht geboren, Leader werden gemacht, geformt, entwickelt usw.

Ja, es ist richtig, dass gewisse Menschen – vielleicht auch aufgrund ihrer Herkunft und ihres Umfeldes – eine stärkere Neigung dazu haben als andere. Aber lass dir niemals einreden, dass du die Voraussetzungen für einen Leader nicht hättest.

Ich gebe dir jetzt folgenden Rat:

Beginne so schnell wie möglich damit – möglichst noch heute – dich mit diesem Thema zu beschäftigen. Wobei ich hier wirklich das Thema Leadership meine und nicht das Thema Management. Wir werden später nochmals über den Unterschied zwischen Leadership und Management ausführlicher sprechen.

Leadership beschäftigt sich mit Menschen und der Frage: Wie kann ich mich in andere Menschen investieren, damit diese in ihre Berufung kommen und zur Höchstform im individuellen „Fruchtbringen“ auflaufen.

Management beschäftigt sich mit Organisationsabläufen und damit, im Tagesgeschäft mit dem geringsten Einsatz von Mitteln die höchstmögliche Wirkung zu erzielen.

Leadership beschäftigt sich mit Effektivität. Das Richtige zu tun.

Management beschäftigt sich mit Effizienz. Es richtig zu tun.

Du siehst: Wenn Leadership und Management optimal aufeinander eingestellt sind, wenn das Richtige richtig getan wird, dann entstehen große Dinge im Leben.

4. Traue ich mir zu, auch anderen Menschen für ihr Leben Orientierung zu geben?

Das ist eine sehr wichtige Frage. Traust du dir das zu? Das kann niemand anderer beantworten als du selbst. Meine Frage an dich ist: Warum nicht?

Du bist doch dazu geboren worden, damit andere Menschen etwas davon haben, dass es dich gibt, oder?

Wenn du anderen Menschen Orientierung für ihr Leben geben möchtest, dann ist es natürlich sehr wichtig, dass du selbst für deine Zukunft eine klare Orientierung hast. Sonst bist du nicht glaubwürdig.

Wenn du andere Menschen führen möchtest, dann musst du natürlich selbst wissen, wohin du gehst und entschlossen sein auch Kurs auf das gemeinsame Ziel zu halten. Nicht von jedem Widerstreit der Meinungen beeinflussbar und immer wieder die Richtung ändern. Wenn du zu jenen unbeständigen Menschen gehörst, die immer wieder ihre Richtung ändern, darfst du dich nicht wundern, wenn eines Tages niemand mehr mit dir den Weg gehen möchte.

Die grundsätzliche Richtung muss stimmen. Diese Richtung muss auch immer wieder kommuniziert werden, damit jeder, der den Weg mit dir gehen möchte, weiß, wo es wirklich lang geht, worauf es ankommt und warum wir den Weg gehen.

Es gibt einen alten Spruch, der sagt: „Menschen, die wissen, WIE man eine Arbeit macht, werden immer Arbeit haben. Menschen, die wissen, WARUM man einen bestimmten Weg geht, werden immer die Chefs (Leader) sein."

Wenn du anderen Menschen Orientierung geben möchtest, dann musst du wissen, WARUM du diesen Weg mit ihnen gehen möchtest. Und das WARUM auch immer wieder kommunizieren.

Eines steht fest: Die Menschen von heute suchen Orientierung. Sie kommt nicht aus Berlin, auch nicht aus Wien oder Bern und schon gar nicht aus Brüssel.

Orientierung ist der Engpass unserer Zeit. Wer klare Orientierung geben kann, wird in Zeiten wie diesen ganz sicher zu den er*voll*greichen Menschen gehören.

5. Bin ich eher ein misstrauischer Mensch und kenne ich auch die negativen Auswirkungen von Misstrauen?

Manche Menschen kommen im Leben nicht weiter, weil sie so misstrauisch sind. Sie trauen niemand über den Weg und behaupten, der Grund liege darin, weil sie schon so oft enttäuscht wurden.

Eines kann ich dir ganz sicher sagen: Wenn du mit Misstrauen durchs Leben gehst, gehörst du sicherlich nie zu den er*voll*greichen Menschen. Er*voll*greiche Menschen sind nicht misstrauisch. Ja, sie testen etwas, prüfen etwas, schauen sich die Dinge gut an, aber das hat mit Misstrauen nichts zu tun, sondern mit Klugheit.

Du sagst jetzt: „Ja, Karl, du hast schön reden, aber du weißt ja nicht, wie oft ich schon missbraucht und benutzt wurde und negative Erfahrungen gemacht habe. Ich bin schon 100 Mal missbraucht worden." Das mag schon sein, aber was kann der 101. dafür, der kennt doch die anderen 100 gar nicht. Du kannst ja nicht dem 101. mit Misstrauen begegnen und damit bestrafen. Der kann doch nichts dafür, dass die anderen 100 dich enttäuscht haben.

Du sagst jetzt: „Ja aber ich bin doch schon 1000 Mal enttäuscht, missbraucht, benutzt worden, da wird man doch misstrauisch, oder?" Auch der 1001. kann nichts dafür, bestrafe ihn nicht für die anderen, sondern gehe immer wieder mit einem Grundvertrauen auf neue Menschen zu. Denn was du säst, wirst du ernten, und wenn du Misstrauen säst, wirst du Misstrauen ernten. Und wenn du schon 1000 Mal enttäuscht worden bist, hattest du 1000 Gelegenheiten ein immer besserer Menschenkenner zu werden.

Mein Freund, wir sind ständig am Lernen und am meisten lernen wir von anderen Menschen, positiv und negativ. Das Entscheidende ist: Was tust du mit dem, was du „gelernt" hast? Wirst du besser, oder wirst du bitter? Wenn dich negative Erlebnisse mit anderen Menschen bitter machen (weil du nicht vergeben möchtest), dann wird dein Leben immer unattraktiver. Wenn dich negative Erlebnisse mit anderen Menschen aber besser machen (weil du immer mehr über Menschen lernst), dann wird dein Leben immer interessanter und er*voll*greicher werden.

Jedenfalls steht eines fest: Grundsätzliches Misstrauen anderen Menschen gegenüber ist kein guter Start in die Selbstständigkeit, weil kein Mensch mit Begeisterung die Nähe eines Menschen sucht, der voller Misstrauen ist und niemanden über den Weg traut.

6. Habe ich die Fähigkeit anderen Menschen (Vorschuss)-Vertrauen zu schenken?

Eine wesentliche Grundausstattung auf dem Weg in die Selbstständigkeit ist Vorschussvertrauen. Wenn du den Menschen um dich herum kein Vorschussvertrauen schenkst, dann werden diese Menschen mit dir sicherlich nicht viel anfangen können.

Misstrauische Menschen sind nicht attraktiv und haben daher auch keine Anziehungskraft. Vertrauensvolle Menschen gehen zwar das Risiko ein, ein weiteres Mal missbraucht zu werden, aber sie sind wesentlich attraktiver für andere Menschen und haben daher schon von vornherein mehr Anziehungskraft auf die besten Mitarbeiter und auf die besseren Kunden.

Vergiss nicht: Gleich und Gleich gesellt sich gern.

Stell dir mal vor: Du bist misstrauisch und um dich herum gruppieren sich lauter misstrauische Menschen. Keiner traut dem anderen über den Weg. Kann man so er*voll*greich werden? Das wäre eine Horror-Situation, eine Atmosphäre, in der niemand aufblühen kann.

Stell dir aber vor: Du gehst vertrauensvoll auf andere Menschen zu. Die Menschen suchen gerne deine Nähe, weil du ihnen (Vorschuss)-Vertrauen schenkst. Man vertraut sich gegenseitig wissend und erwartend, dass das zu einzigartigen Ergebnissen führen wird.

Es gibt dazu keine Alternative, wenn du wirklich er*voll*greich werden möchtest.

Bist du bereit dazu? Hast du auch die Fähigkeit dazu?

Die Grundvoraussetzung für diese Fähigkeit, mit Vertrauen auf andere Menschen zuzugehen, ist die Bereitschaft wirklich zu vergeben. In Vergebung zu leben – auf Gegenseitigkeit.

Ja, wir haben alle möglichen, negativen Erfahrungen gemacht, aber wir haben daraus gelernt, vergeben, diese Menschen der Vergangenheit begnadigt und gehen wieder voll Power und Zuversicht auf neue Menschen zu.

Bist du dazu bereit? Oder gehörst du zu den nachtragenden Menschen, die ihre wertvolle Zeit damit vergeuden, nicht zu vergeben. Solche Menschen sind gedanklich immer an Vergangenes gebunden und kommen daher in der Zukunft nicht weiter.

Vergebung ist keine Sache des Gefühls, sondern eine klare Entscheidung.

7. Bin ich stark nervös, wenn ich vor einer Gruppe von Menschen sprechen muss?

Du sagst jetzt: „Was ist das für eine Frage? Das ist doch ganz normal, dass man nervös ist, wenn man vor einer Gruppe von Menschen sprechen soll?"

Ich würde sagen: Normal ist es nicht, aber die meisten Menschen sind es, weil es ihnen so anerzogen wurde. Sie wurden als Kinder nicht ermutigt einfach vor Menschen hinzutreten und zu sprechen. In den meisten Familien und auch Schulen werden die Kinder entmutigt in dieser Sache, weil sie dann hinterher immer gleich kritisiert wurden – so unter dem Motto: Warum sagst du das? So sagt man das nicht. Du hast dich nicht richtig hingestellt. Du hast was vergessen zu sagen. So stimmt das nicht, das sehe ich anders usw.

Ist ja ganz logisch, dass sich dann diese Kinder nicht mehr drüber trauen und wenn sie mal größer sind und vor einer Gruppe von Menschen sprechen sollen, nervös werden – sie könnten was falsch machen usw.

Ich kenne das aus eigener Erfahrung. Als ich die ersten paar Male Vorträge hielt oder gar Seminare, war ich auch nervös. Ich kann mich noch sehr gut erinnern als ich das erste 3-Tages-Seminar (1982) gehalten habe. Dabei bin ich 3 Tage lang beim Stehtisch gestanden, habe mich angehalten und von den Folien nur runtergelesen – mit zittriger Stimme. Das Gute dabei war, dass meine Seminarteilnehmer – es waren 22 Firmenchefs – mir dann trotzdem ein sehr gutes Feedback gegeben haben, das mich ermutigte weiterzumachen.

Ich bin dann immer mehr draufgekommen, dass ich gar nicht nervös sein brauche, weil ich in dem, was ich tat, immer besser geworden bin, persönlich gewachsen bin und sich in mir die Überzeugung gefestigt hat, dass dies meine gottgegebene Berufung ist – und Er (Gott) mir daher auch dabei hilft.

Heute spreche ich vor Tausenden Menschen – stundenlange – oft ohne Notizen oder Präsentation und bin nicht mehr nervös, weil ich weiß, dass dies meine Berufung ist.

Und es ist ja ganz einfach: Wessen das Herz voll ist, geht der Mund (automatisch) über. Du brauchst nur mehr und mehr sicherstellen, dass dein Herz voll ist mit dem, worüber du sprichst.

Es ist so einfach.

8. Was ist meine Botschaft für die Menschen – besonders für meine Zielgruppe?

Das sind die beiden entscheidenden Fragen für einen (visionären) Leader.

Was ist deine Botschaft und wer ist deine Zielgruppe?

Gerade in Zeiten wie diesen, wo so viele Menschen nach Orientierung suchen und dabei sind, ihre Ohren wieder zu öffnen für das, was evtl. kommen könnte, ist es von elementarer Bedeutung, dass du dir diese Frage stellst:

Was ist meine Botschaft wirklich?

Ist meine Botschaft eine Ermutigung für meine Zielgruppe, oder ist meine Botschaft eine Selbstdarstellung und Präsentation meines Egoismus?

Warum sollen andere Menschen mir zuhören?

Egal in welcher Branche du tätig bist, wenn Menschen deine Nähe suchen, weil deine Botschaft für sie Ermutigung, Orientierung, Problemlösung, Power etc. bedeutet, dann wirst du er*voll*greich sein.

Wenn du aber immer nur Fakten über deine Produkte kommunizierst und Selbstdarstellungen in die Richtung: Wir sind die Größten, wir sind die Besten, wir sind …, dann werden Menschen dich als Mensch sicherlich nicht besonders attraktiv finden und andere Wege suchen.

Vergiss nicht: Du bist eine Botschaft, wenn du auftrittst. Auch wenn du den Mund noch nicht öffnest, beginnen Menschen dich schon einzuordnen.

Du bist eine Botschaft,

wenn du auftrittst.

Auch wenn du den Mund

noch nicht öffnest,

beginnen Menschen dich

schon einzuordnen.

Wenn du dann den Mund öffnest und das, was raus kommt, ident ist mit dem, was du repräsentierst, dann finden die Menschen dich und deine Botschaft kongruent, authentisch und deine Attraktivität steigt von Satz zu Satz. Und damit deine Anziehungskraft auf andere Menschen.

Du bist ein Botschafter, ob du das sein willst oder nicht.

Daher die entscheidende Frage: Bist du bereit an deiner Botschaft zu arbeiten und diese mehr und mehr in Richtung Zielgruppe zu optimieren? Weg von dir selbst, hin zu den Menschen.

Und wenn du dann deine Botschaft immer öfter kommunizierst, wird sich auch deine Zielgruppe immer automatischer segmentieren, weil die Botschaft die richtigen Menschen anzieht zur richtigen Zeit.

9. Wie steht es mit meinen Kommunikationsfähigkeiten? Bin ich in der Lage meine Vision begeisternd zu kommunizieren?

Kommunikation ist der Schlüssel zum Er*voll*g. Kennen sich Menschen aus, wenn du sprichst, und können sie erkennen, warum sie gerade dir zuhören sollen?

Wenn wir von Leadership sprechen, dann müssen wir auch zwei unterschiedliche Ebenen von Leadership darstellen:

a) Den operativen Leader
b) Den visionären Leader

Der operative Leader arbeitet mit Begeisterung mit seiner Gruppe an einem Projekt, erkennt die verschiedenen Talente seiner Teammitglieder und verbindet die Talente dieser Team-Mitglieder miteinander, um gemeinsam etwas Großes zu schaffen. Der operative Leader hat nicht nur ausgeprägte Leader-Fähigkeiten, sondern auch starke operative Fähigkeiten. Der Unterschied zu einem Manager liegt darin, dass Manager vorrangig mit dem Hirn arbeiten und Leader mit dem Herzen.

Der visionäre Leader arbeitet in erster Linie über seine Vision, begeistert die Menschen für eine Sache, eine Vision, ein großes Ziel, aber er hat selbst keine ausgeprägten operativen Fähigkeiten. Er braucht für die Umsetzung seiner Vision unbedingt einen Manager, der dafür sorgt, dass die Dinge, von denen der visionäre Leader gerne spricht, auch tatsächlich ins Tagesgeschäft transferiert werden.

Manager verbinden die Hirne der Menschen miteinander. Sehr wichtig, aber oft staubtrocken.

Leader verbinden die Herzen der Menschen miteinander. Und wo Herzen miteinander verbunden werden, fließt lebendiges Wasser. Wo lebendiges Wasser fließt, blühen die Menschen auf. Wo Menschen aufblühen, gibt es reiche Frucht.

Einem visionären Leader fällt es sehr leicht seine Vision effektiv zu kommunizieren. Er braucht aber jemanden, der die Dinge dann auch tut.

Einem operativen Leader fällt es sehr leicht die Herzen seiner Team-Mitglieder miteinander zu verbinden, aber er hat evtl. die Notwendigkeit seine kommunikativen Fähigkeiten auszubauen, damit auch seine Vision wirklich begeisternd kommuniziert wird.

Jedenfalls: Leadership ist das Thema der Zukunft und der Engpass von heute. Wir müssen wieder die Herzen der Menschen miteinander verbinden.

10. Kenne ich den Unterschied zwischen Information und Inspiration?

Deutschland ist das Land der Information. Amerika ist das Land der Inspiration.

Wir haben viele Jahre in den USA gelebt und ich hatte das Vorrecht, beide Kontinente gleichzeitig zu erleben, weil ich im Schnitt alle zwei Monate zwischen den beiden Kontinenten gependelt bin. Zwei Kulturen leben daher in meiner Brust. So habe ich auch den Unterschied erleben können zwischen Information und Inspiration.

Information ist sehr wichtig. Information, Wissen ist Power, aber derzeit nicht der Engpass in unserem Land. Der Engpass in unserem Land heißt Inspiration. Die Menschen brauchen wieder mehr unternehmerisches Feuer in ihren Herzen.

Information, Wissen ist Power. Dynamit. Aber was nützt es, wenn du in deinem Haus 100 kg Dynamit hast, aber im ganzen Haus kein Feuer mehr brennt. Höchstens in der Küche und die beiden treffen sich nie. Da tut sich nichts im Haus, auch wenn du im Keller diese 100 kg Dynamit hast, was die Power hätte, dein ganzes Haus in die Luft zu sprengen. Es tut sich trotzdem nichts.

Inspiration ist Feuer. Feuer im Herzen eines Menschen. Visionäres, unternehmerisches Feuer.

Stell dir vor, was passieren würde, wenn du deine Information, dein Dynamit, dein Wissen, deine Ausbildung, dein Know-how mit visionärem, unternehmerischen Feuer in deinem Herzen verbinden würdest? Dann gäbe es wahrlich eine Explosion in deinem Leben. Genauso wie es eine Explosion in deinem Haus geben würde, wenn diese 100 kg Dynamit mit Feuer in Berührung kommen.

Ja, Amerika war mein Brandstifter. Daher fällt es mir heute auch sehr leicht, andere Menschen zu inspirieren, „on fire“ zu setzen (entzünden). Unternehmerisches Feuer, visionäres Feuer zu entfachen in den Herzen vieler Menschen.

Du hast sicherlich sehr viel Information angesammelt in deinem Leben. Vielleicht sogar mehrere Ausbildungen genossen, viel Know-how gesammelt, viel Wissen angehäuft. Alles eine großartige Voraussetzung für ein er*voll*greiches Leben.

Lass dich daher „on fire“ setzen von diesem Buch und meinen Botschaften, Vorträgen, Hörbüchern usw. und werde wie ich ein Brandstifter für andere

Menschen. Egal in welcher Branche du tätig bist, deine Zukunft ist dann gesichert.

11. Weiß ich, dass die Zukunft dem mitarbeiter-orientierten Unternehmer gehört und wo der Unterschied zwischen einem kunden-orientierten Unternehmer und einem kunden-orientiertem Unternehmen liegt?

Ja, die Zukunft gehört NICHT dem kunden-orientierten Unternehmer. Ich weiß, das ist eine starke Aussage. Aber ich bin ganz sicher, die Zukunft gehört dem mitarbeiter-orientierten Unternehmer.

Warum?

Stell dir vor: Ein Handwerker/Unternehmer ist die ganze Woche unterwegs, um Kunden zu finden, damit er für seine Mitarbeiter Arbeit hat. Die Mitarbeiter schauen ihm dabei zu, wie er das macht. Die Mitarbeiter sind frustriert, weil der Chef für sie keine Zeit hat – er ist ja ständig unterwegs. Eines Tages findet der Chef wieder einen Kunden. Dieser trifft dann auf frustrierte Mitarbeiter. Frustrierte Mitarbeiter produzieren frustrierte Kunden, denn alles reproduziert nach seiner Art. Wenn alle Kunden dann frustriert werden, wie lange glaubst du kann der Chef noch Aufträge einholen für seine Mitarbeiter? Nicht mehr lange.

Das kommt mir so vor, wie wenn der Fußballtrainer von Bayern München sich die ganze Woche mit den Zuschauern beschäftigen würde, um Karten für das nächste Spiel zu verkaufen. Und die Spieler schauen ihm dabei frustriert zu, weil er für sie keine Zeit hat. Er schaut ja, dass das Stadion voll wird.

Wie lange glaubst du kann der Fußballtrainer dann noch Karten verkaufen für das nächste Spiel, wenn er vergessen hat, sich auf die Spieler zu konzentrieren? Daher wird sich jeder Fußballtrainer auf sein TEAM konzentrieren und nicht auf die Zuschauer.

So ist es auch in der Wirtschaft. Der Unternehmer der Zukunft konzentriert sich voll auf seine Mitarbeiter. Er baut das beste Team, das man in seiner Branche bauen kann, stellt sie aufeinander ein, hilft Talente freizusetzen und er führt sie zu Spitzenleistungen – wie der Fußballtrainer seine Mannschaft auch.

So, wie sich dann die Allianz-Arena in München von selbst füllt, so füllen sich auch die Auftragsbücher der Firma von selbst. Die Prinzipien sind immer dieselben.

Ja, der Unternehmer der Zukunft konzentriert sich auf die Mitarbeiter. Die Mitarbeiter konzentrieren sich auf die Kunden.

Der Unternehmer der Zukunft ist mitarbeiter-orientiert. Das Unternehmen, die Mitarbeiter sind kundenorientiert und erbringen Spitzenleistungen – alles andere folgt von selbst.

12. Bin ich mir dessen bewusst, dass es einen großen Unterschied macht, ob ich eine Vision habe, oder ob die Vision mich hat?

Es gibt drei Gruppen von Menschen:

Die größte Gruppe sind jene Menschen, die keine Vision haben. Sie gehen einfach durchs Leben und hoffen, dass es ihnen einmal gut oder besser geht. Die einzige Vision, die viele dieser Menschen haben, ist die „Tele-Vision". Und diese bringt keinen Menschen weiter.

Die zweite Gruppe von Menschen sind jene, die eine Vision haben. Mehr oder weniger stark. Sie haben eine Vision von Montag 8:00 Uhr bis Freitag 17:00 Uhr. Ja, sie haben eine Vision, verfolgen diese auch mehr oder weniger intensiv und viele von ihnen wundern sich, warum sie dann doch nicht zustande kommt.

Die dritte Gruppe von Menschen ist die kleinste dieser drei Gruppen: Sie haben keine Vision, sondern die Vision hat sie.

Hast du eine Vision,

oder hat die Vision dich?

Das macht all den Unterschied zwischen sehr er*voll*greichen und weniger er*voll*greichen Menschen.

Zu welcher Gruppe gehörst du?

Ich gehe davon aus, dass du nicht zur ersten Gruppe gehörst, sonst würdest du dieses Buch nicht lesen.

Gehörst du zur zweiten Gruppe? Du hast eine Vision und wünschst dir, dass sie einmal zustande kommt?

Ja, aber wünschen alleine ist zu wenig. Eine Vision zu haben auch. Die entscheidende Frage ist: Bist du durchdrungen von deiner Vision, diesem Geist, der dich bewegt etwas Großes (ist natürlich relativ) zu realisieren?

Du kennst ja das Gesetz: Der Geist ist's, der lebendig macht, die Hardware alleine nützt nichts. Oder: Geist ist Ursprung aller Materie.

Deine Vision ist Geist. Bist du durchdrungen von diesem Geist vom Scheitel bis zur Sohle, oder versuchst du nur eine Vision zu realisieren, vielleicht sogar nur mit deinem Verstand?

Dein Verstand spielt dabei sicherlich eine sehr wichtige Rolle. Aber die ultimative Power kommt vom Geist, dem Betriebssystem des Menschen, von deiner Vision, die dich erfüllt von oben bis unten – Tag für Tag, 24 Stunden am Tag, 7 Tage die Woche.

13. Bin ich bereit meine tägliche Routine – meinen Lifestyle – auch auf meine Vision abzustimmen und diese auch ausdauernd und konsequent – als Vorbild – zu leben?

Wir alle kennen viele Menschen, die viel wollen und am 1. Januar wiedermal alles aufschreiben, was sie so wollen, ihre Ziele, ihre Träume, ihre Wünsche.

Aber das tun sie schon jahrelang so und es geht nichts weiter. Warum wohl?

Ganz einfach deswegen, weil viele von ihnen ihren Lifestyle nicht auf ihre Vision abstimmen. Sie wollen zwar ihr Leben zum Positiven verändern, aber sie ändern ihre tägliche Routine nicht. Sie leben am 2. Januar mit demselben Lifestyle weiter wie letztes Jahr und wundern sich, dass es wieder nicht funktioniert.

Wie haben wir gesagt: Willst du etwas erleben, was du noch nie erlebt hast, musst du etwas TUN, was du noch nie getan hat.

Willst du eine neue, andere Ernte haben, musst du ein anderes Samenkorn in die Hand nehmen und säen.

Willst du etwas Neues realisieren in deinem Leben, musst du deinen Tagesablauf anders gestalten als bisher. Beginne jene Dinge routiniert zu tun, die dafür notwendig sind, um das zu erreichen, was du gerne erreichen möchtest.

Deine – noch nicht realisierte – Vision verlangt höchstwahrscheinlich von dir einen neuen Lifestyle. Es liegt nicht an der Vision, warum sie noch nicht Realität ist. Es liegt nur daran, dass du den dafür notwendigen Lifestyle (die dazu notwendige Arbeitsroutine) noch nicht wirklich lebst.

Manche Leute sagen: „Ich warte auf die Realisierung meiner Vision." Die Vision aber sagt: „Ich warte darauf, dass du mit mir etwas tust – und zwar Schritt für Schritt." Beide warten aufeinander und wenn sie nicht gestorben sind, dann warten sie noch heute. Kennt jemand jemanden, dem es so geht?

Wenn du gerne möchtest, dass deine Vision realisiert wird, dann musst du beginnen, wirklich konsequent deinen Lifestyle darauf abzustimmen. Es beginnt alles bei dir.

Wenn du dann auch noch bereit bist, den Menschen um dich herum, deinen Mitarbeitern und Geschäftspartner konsequent als Beispiel – als attraktives Vorbild – voranzugehen, dann kommst du sicher an dein Ziel. Und mit dir auch viele deiner Mitarbeiter und Geschäftspartner.

14. Traue ich mir zu, die richtigen Mitarbeiter einzustellen?

Ja, Mitarbeiter einstellen ist eine der wichtigsten, aber auch schwierigsten Aufgaben eines Unternehmers.

Wenn du nicht allein arbeiten möchtest bzw. etwas Größeres bewegen möchtest, dann brauchst du sicherlich gute Mitarbeiter.

Mitarbeiter finden ist ganz einfach. Es gibt so viele Menschen da draußen, die suchen einen Zahlmeister für den letzten des Monats. Ja, sie behaupten zwar sie suchen eine Arbeitsstelle, einen guten Posten, einen Job, aber in Wirklichkeit suchen sie nur einen Zahlmeister, der am Letzten des Monats bezahlt.

Hier braucht es viel Menschenkenntnis und in diesem Bereich habe ich die allermeisten Fehler gemacht im Laufe meiner 45-jährigen Unternehmerkarriere.

Mitarbeiter einstellen ist keine Kunst. Die richtigen Mitarbeiter einzustellen für die richtige Aufgabenstellung und diese dann zu einzigartigen Persönlichkeiten weiterzuentwickeln – das ist die wahre Aufgabe eines er*voll*greichen Unternehmers.

Traust du dir das zu?

Wenn du dich heute selbstständig machst, würde ich noch nicht sofort auch einen Mitarbeiter einstellen, wenn es nicht unbedingt notwendig ist. Jeder Mitarbeiter, den du einstellst, ist nicht nur eine große finanzielle Verpflichtung, sondern auch eine persönliche Verantwortung, die du für diesen Menschen übernimmst.

Ich würde zuerst nur gewisse Arbeiten delegieren an Teilzeit-Mitarbeiter, geringfügig Beschäftigte oder auf stundenweiser Honorarbasis, oder wenn es um Verkauf geht, auf reiner Provisionsbasis.

So bist du flexibel und kannst dir von verschiedenen Menschen, die unterschiedlichsten Stärken und Talente zukaufen, ohne dass du große Fixkosten aufbaust, bevor du weißt, ob es auch wirklich funktioniert.

Das hat nichts mit Angst zu tun, sondern mit Weisheit, Umsicht, Klugheit und unternehmerischer Verantwortung.

Sprüche 24, 3: *„Durch Weisheit wird ein Haus gebaut, durch Umsicht gewinnt es Bestand. Durch Klugheit werden die Kammern gefüllt mit allerlei wertvollen, köstlichen Gütern.“*

Das sagt schon die Bibel dazu.

15. Habe ich Angst davor, Mitarbeiter kündigen zu müssen?

Das ist eines jener Themen, das für die meisten „menschlichen Unternehmer“ am schwierigsten ist.

Ja, du liebst deine Mitarbeiter, du bist ihnen ein väterlicher Freund geworden. Du bist mit ihnen die ganze Woche zusammen und mit ihnen durch dick und dünn gegangen.

Und jetzt ist auf einmal eine Situation eingetreten, wo die Aufträge fehlen, oder wo ein bestimmter Mitarbeiter seine Arbeit nicht mehr gut macht, oder menschlich einfach nicht mehr zu uns passt, oder andere Umstände eingetreten sind, die eine weitere Zusammenarbeit nicht mehr sinnvoll erscheinen lassen.

Was nun tun? Einfach kündigen? Vielleicht hängt sogar das Schicksal einer ganzen Familie dran?

Ja, das sind die schwierigsten Situationen im Unternehmerleben und ich habe diese Situationen 45 Jahre lang öfters praktisch erlebt.

Aber vergiss eines nicht: Es geht nicht primär um diesen einen Mitarbeiter und sein Schicksal. Es geht vielmehr um das Schicksal des gesamten Unternehmens und damit vielleicht sogar um das Schicksal aller im Haus.

Du tust niemand etwas Gutes, wenn du in dieser Situation nicht den Mut hast, die unternehmerisch richtige Entscheidung zu treffen und den betreffenden Mitarbeiter nicht kündigst.

Viele Unternehmer sind deswegen schon vor dem Konkursrichter gelandet, weil sie gezögert haben in einem einzigen Fall (sie wollten besonders menschlich sein) und haben damit das gesamte Unternehmen aufs Spiel gesetzt und vielleicht sogar in den Ruin geführt – besser gesagt: schlittern lassen.

Oder man sagt ja auch: Wenn in einer Apfelkiste ein Apfel faulig ist, dann entfernt man diesen Apfel nicht in erster Linie deswegen, weil er faulig ist, sondern weil er die gesamte Apfelkiste faulig und unbrauchbar macht.

Ich weiß, das sind schwierige Situationen. Aber als Unternehmer solltest du darauf vorbereitet sein und immer jene Entscheidungen konsequent treffen, die für das ganze Unternehmen zukunftsentscheidend sind. Und keine Angst davor haben, manchmal im Einzelfall eine unpopuläre Entscheidung zu treffen.

16. Habe ich die Fähigkeit andere Menschen zu motivieren?

Nun sind wir wieder bei einem einfacheren Thema. Und vor allem bei einem Thema, das eigentlich das Schöne ist am Unternehmertum.

Du darfst andere Menschen – Mitarbeiter – motivieren.

Die entscheidende Frage hier ist immer: Wozu/wofür motivierst du sie?

Gibt es ein Motiv, das du den Menschen gibst, damit sie sich in Bewegung setzen und im Idealfall mit Begeisterung vorwärtsgehen auf ein gemeinsames Ziel hin?

So mancher Unternehmer hat schon mal zu mir gesagt: „Karl, kannst du mal in meine Firma kommen und meine Mitarbeiter motivieren?"

Meine Antwort war immer: „Wenn du mir sagst wofür/wozu?" „Ja, motivieren halt", war seine Antwort. Einfach motivieren. Ja, aber wozu? Was ist das Motiv?

Viele Firmenchefs möchten gerne motivierte Mitarbeiter, aber sie geben ihnen kein Motiv. Der Mensch braucht aber ein Motiv, um aktiv zu werden.

Mitarbeitermotivation
beginnt immer im
Herzen des Unternehmers,
des Visionärs.

Mitarbeitermotivation beginnt immer im Herzen des Unternehmers, des Visionärs. Was in deinem Herzen nicht brennt, das kannst du auch in den Herzen deiner Mitarbeiter nicht entzünden.

Eigentlich kann niemand die Mitarbeiter wirklich motivieren, außer der Chef selbst. Er ist der Visionär. Er ist der Fackelträger. Er ist der Mensch, der wirklich brennen soll für die Vision und sein Unternehmen.

Daher ist die Frage so wichtig, die du dir stellen sollst:

Was brennt in meinem Herzen? Was ist mein Motiv, warum ich dieses Unternehmen führe und weiter aufbauen möchte?

Jeder Mensch, der brennt, hat die Fähigkeit andere zu entzünden. Jemand, der nicht brennt, kann gar nicht andere Menschen entzünden, auch wenn er es für sehr wichtig halten würde, dass seine Mitarbeiter an den Zielen des Unternehmens brennend interessiert sein sollten. Aber wenn er selbst nicht brennt, kann er niemanden entzünden.

„In dir muss brennen, was du in anderen entzünden willst!" das hast du sicher schon gehört. (Zitat von Aurelius Augustinus)

17. Habe ich die Fähigkeit menschliche Enttäuschungen wegzustecken?

Unternehmertum bringt auch Ent-Täuschungen. Wer von uns ist noch niemals getäuscht durchs Leben gegangen? Es sind aber nicht immer andere Menschen, die uns täuschen, sondern sehr oft auch unsere eigenen Wunschvorstellungen, die einfach nicht realisierbar sind in der gewünschten Zeit. Und dann gibt es eine Ent-Täuschung.

Ent-Täuschung ist ja nur die Aufhebung, das Ende einer Täuschung.

Hast du die Fähigkeit dazu, solche Ent-Täuschungen wegzustecken? Eigentlich solltest du dafür dankbar sein, wenn eine Täuschung zu Ende geht.

Diese Erkenntnis hilft schon sehr weiter, wenn es aktuelle Situationen gibt.

Wie gehst du aber um mit menschlichen Ent-Täuschungen?

Du hast von einem bestimmten Menschen sehr viel erwartet. Du hast ihm vielleicht die Latte sehr hoch gelegt, vielleicht viel zu hoch für seine Fähigkeiten.

Du bist vielleicht von einem Mitarbeiter menschlich sehr enttäuscht worden. Du hast ihm Werte unterstellt, die er einfach nicht mitgebracht hat. Und es kam zur großen Ent-Täuschung.

Wie gehst du damit um?

Auch hier gilt: Vergeben und am besten vergessen. Nicht nachtragend sein. Nicht negativ reden. Nicht ärgern, sonst wird es nur ärger.

Einfach vergeben, begnadigen. Gnade ist eine gewaltige Power und setzt alle Beteiligten frei.

Du sagst jetzt: „Ja, aber das ist nicht so einfach." … Die Alternative ist aber alles andere als attraktiv. Wenn du vorwärtsgehen möchtest, solltest du nicht zu lange warten mit der Vergebung.

Starke er*voll*greiche Unternehmer sind auch stark im Vergeben.

18. Kenne ich den Unterschied zwischen einem Rückschlag und einer Niederlage?

Nach 45 Jahren Unternehmertum international und mit Hunderten Mitarbeitern habe ich dazu einige Erfahrung gesammelt.

Ich habe alles erlebt. Rückschläge und Niederlagen. Ich bin mehrmals er*voll*greich gescheitert. Habe 1976 einen großen Konkurs gebaut mit einem Fensterwerk und 28-jährig von einem Tag auf den anderen alles verloren.

Ich bin wieder aufgestanden.

Aber auch einige andere Projekte in meinem Leben haben nicht so funktioniert, wie ich mir das gewünscht hatte. Ich bin mit Rückschlägen vertraut, aber auch mit Niederlagen.

Eine Niederlage ist in meinen Augen etwas, wo das Spiel zu Ende ist und man verloren hat.

Er*voll*greich gescheitert. Das heißt, es ist vorbei – Gott sei Dank – und ich bin dabei gescheiter geworden.

In Amerika sagt man: „Sometimes you win and sometimes you learn."

Gewonnen hat man, wenn etwas funktioniert hat. Gelernt hat man, wenn etwas nicht funktioniert hat, aber daraus gelernt hat. Gescheitert heißt ja, ich bin dabei gescheiter geworden.

Und du brauchst das, was du gerade gelernt hast, für dein nächstes Projekt. Es war ein Ausbildungsmodul für deine Zukunft.

Ja, Rückschläge gehören fast zum Alltag eines Unternehmers. Stell dich darauf ein. Das hat nichts mit negativem Denken zu tun, sondern ist einfach die Realität auf dem Weg der Ausbildung hin zur Realisierung einer großen Vision.

Wenn du Niederlagen erlebst, dann stehe gleich wieder auf und sage dir: Nach dem Spiel ist vor dem Spiel. Und du beginnst gleich wieder aktiv zu werden, zu trainieren, es nächstes Mal besser zu machen.

Eigentlich ist es ja sehr einfach. Man braucht immer nur um ein Mal öfter aufstehen als hinfallen. Hinfallen ist keine Schande. Liegenbleiben darf man nicht.

Und man darf auch so manchen Fehler zweimal machen. Und wieder aufstehen.

19. Wie würde ich das Wort „Unternehmer" näher definieren? Was ist seine Kernaufgabe?

Was ist die Kernaufgabe eines Unternehmers? Ganz einfach: etwas zu unternehmen. TUN. Unterlasser gibt es viele. Das sind in der Regel Menschen, die selbst nichts tun, aber alles besser wissen. Höre nicht auf sie.

Unternehmer unternehmen etwas. Sie können gar nicht anders.

Wenn Unternehmerblut in deinen Adern fließt, bist du aktiv bis zum Grab.

Also die Kernaufgabe eines Unternehmers heißt: unternehmen. Was willst du dem hinzufügen?

Wir wissen alle, wie die Dinge laufen:

Wenn jemand etwas tut, was andere noch nie gemacht haben, wird er zuerst ausgelacht. (Lass sie lachen.)

Wenn jemand trotzdem weitergeht und sich davon nicht beeinflussen lässt, dann wird er kritisiert. (Lass sie kritisieren.)

Wenn jemand trotzdem weitergeht und sich davon nicht abhalten lässt, dann wird er verleumdet. (Das tut zwar weh, aber beginne nicht dich zu verteidigen. Schade um die Energie – ich habe auch hier reiche Erfahrung.)

Und wenn jemand trotzdem weitergeht und daher seine Träume, Visionen und Ziele realisiert, dann wird er beneidet. (Auch das darf dich nicht stören.)

Das sind die wahren Unternehmer. Sie unternehmen etwas und lassen sich nicht von außen steuern.

„Just do it. Go for it", würde der Amerikaner sagen und auch ich möchte dir das mitgeben auf den Weg.

Und vergiss eines nicht: Unternehmertum ist Erwachsenenbildung. Es geht um Menschen und um die Frage: Was wird aus mir und aus den mir anvertrauten Menschen?

20. Kenne ich den Unterschied zwischen einem Selbstständigen, einem Unternehmer, einem Kaufmann und einem Leader?

Ja, das sind vier Stufen auf dem Weg des Lebens.

Die meisten Menschen beginnen als Selbstständige. Ich habe auch so begonnen. Selbstständig zu sein, heißt aber noch lange nicht, ein Unternehmer zu sein.

Es gibt **Selbstständige,** die nichts unternehmen.

Ein **Unternehmer** wird man erst, wenn man wirklich was unternimmt.

Ins Risiko geht. Dinge tut, die andere so nie tun würden. Ich war einige Jahre Unternehmer, habe vieles unternommen. Mit meinem Bruder gemeinsam von null auf 230 Mitarbeiter eine Großtischlerei (Fenster, Türen, Möbel) aufgebaut bis zum Konkurs. Warum Konkurs?

Ganz einfach, weil ich noch kein **Kaufmann** war.

Ich konnte nicht rechnen, habe zu wenig beobachtet, ob sich unsere Unternehmungen auch rechnen. Bis ich auf die harte Tour lernen durfte, dass alles, was sich nicht rechnet, auf Dauer keinen Bestand hat. Konkurs.

Ich musste lernen zu rechnen. Kaufmännisch sinnvolle, verantwortungsvolle Entscheidungen treffen. Nach einigen Jahren bin ich dann endlich mal ein mehr oder weniger guter Kaufmann geworden.

Wenn sich etwas nicht rechnet und auch keine Aussicht ist auf einen nahen Umschwung ins Positive, dann steige ich auf die Bremse. So habe ich auch viel gelernt im Umgang mit Menschen.

Bis ich mich mehr und mehr zum **Leader** entwickeln durfte. Eine jahrelange Entwicklung.

Meine größten Fehler, die ich gemacht habe, habe ich immer im Umgang mit Menschen gemacht. Da lernt man sehr viel über das Leben und über das, was Menschenherzen wirklich bewegt.

Die Entwicklung vom
Selbstständigen zum Leader –
vielleicht sogar
visionären Leader –
könnte einige Jahre dauern.

Du musst nicht den gleichen steinigen Weg gehen, wie ich ihn gegangen bin. Aber du sollst wissen, die Entwicklung vom Selbstständigen zum Leader – vielleicht sogar visionären Leader – könnte einige Jahre dauern.

21. Kenne ich den Unterschied zwischen einem Manager und einem Leader?

Der Unterschied zwischen einem Manager und einem Leader sollte jedem Unternehmer bewusst sein.

Beides ist wichtig, aber Menschen kann man nicht managen, obwohl es viele immer wieder versuchen.

Es geht um Menschen auf dieser Welt, nicht um Geld. Wenn es um Menschen geht, dann sollten wir Menschenspezialisten sein, oder?

Wenn ich ein Menschenspezialist sein will, muss ich wissen, wie Menschen wirklich gebaut sind und zur Blüte kommen.

Der Mensch ist Geist, hat eine Seele und wohnt in einem Körper.

Diese Trinität finden wir auch beim Computer: Betriebssystem, Software, Hardware.

Die gleiche Trinität finden wir auch im Unternehmen: Leadership, Management und Mitarbeiter.

Wenn jemand meint, beim Computer sei Betriebssystem und Software dasselbe, dann weiß ich, dass er nichts von Computern versteht und er sich daher auch nicht wundern darf, wenn er keinen brauchbaren Output bekommt.

Wenn jemand beim Menschen sagt, Geist und Seele sei doch dasselbe, dann weiß ich, dass er nichts vom Menschen versteht. Er darf sich daher auch nicht wundern, wenn sein Output und der Output der ihm anvertrauten Menschen nicht optimal ist.

Wenn jemand beim Unternehmen sagt, dass Leadership und Management doch dasselbe sei, dann weiß ich, dass dieser nichts von

Unternehmensführung versteht und sich daher nicht wundern darf, wenn der Output, die Ergebnisse des Unternehmens nicht so sind, wie er sich das wünscht.

Leadership ist Geist. Leadership ist das Betriebssystem des Unternehmens und sorgt dafür, dass das Richtige getan wird. Dass die Richtung stimmt.

Management ist Seele. Management ist das funktionierende Gehirn des Unternehmens und sorgt dafür, dass die Dinge effizient erledigt werden.

Management verbindet die Hirne der Menschen miteinander. Leadership verbindet die Herzen der Menschen miteinander.

Zwei vollkommen unterschiedliche Aufgabenstellungen und Herausforderungen.

22. Kenne ich die Power von x^3 und wie man diese freisetzt?

Was ist die Power von x^3?

Sie ist die automatische Auswirkung, wenn jemand sein Leben, seine Persönlichkeit, seine Stärken und Fähigkeiten, seine Vision und sein Engagement auf den kybernetisch wirkungsvollsten Punkt konzentriert und mit der Frage durchs Leben geht: „Was haben andere davon, dass es mich, mein Unternehmen mit unserer Vision und unseren Problemlösungen gibt?“

Stell dir vor, was passiert, wenn sich das gesamte Unternehmen auf diesen kybernetisch wirkungsvollsten Punkt konzentriert: Einen einzigartigen Nutzen und ein einzigartiges Erlebnis für die ihm anvertraute Zielgruppe zu bieten.

Es ist ein Erlebnis, mit dem Unternehmer und seinen Mitarbeitern zusammenzutreffen. Es ist ein Erlebnis, den Außendienst-Mitarbeitern des Unternehmens zu begegnen. Es ist ein Erlebnis, der Nutznießer dieser großartigen Vision zu sein. Es ist ein Erlebnis, bei dir bzw. deinem Unternehmen Kunde zu sein.

Deine Kunden bzw. Endverbraucher werden so automatisch zu deinen besten Verkäufern.

Je größer dieses Erlebnis, umso höher die Attraktivität.

Je höher die Attraktivität, umso größer die Anziehungskraft.

Je größer die Anziehungskraft, umso größer die Nachfrage und die Stückzahlen steigen automatisch.

Wenn die Stückzahlen steigen, erhöht sich die Produktivität, das bringt eine viel bessere Kostensituation und das führt zu höherem Gewinn, dieser führt zu mehr Liquidität und Bewegungsfreiheit.

Und nun tritt die Power von x^3 automatisch ein:

1. Mehr Kunden durch Anziehungskraft
2. Höhere Preise, da nicht mehr über Rabatte verkauft werden muss
3. Niedrigere Kosten, weil die Effizienz des Hauses wesentlich steigt

Hier braucht man kein Betriebswirt sein, um zu erkennen, dass diese Strategie automatische Auswirkungen hat auf das, was unterm Strich rauskommt.

Und die wirkliche Ursache dafür heißt: Visionäre Leadership.

23. Kenne ich die 25 unabänderlichen Teambau-Gesetze und weiß ich, wie man Talente wirkungsvoll miteinander verbindet?

Eine der größten Herausforderungen im Unternehmertum ist, die richtigen Mitarbeiter am richtigen Ort einzusetzen und so miteinander zu verbinden, dass ein Traumteam entsteht, das auf dem Kampffeld der freien Marktwirtschaft zu Spitzenleistungen aufläuft.

Jeder Fußballtrainer weiß das: Seine größte Herausforderung ist nicht, die besten Spieler zu verpflichten. Seine größte Herausforderung ist, diese einzigartigen Talente und verschiedensten Persönlichkeiten mit ihren

Eigenheiten so miteinander zu verbinden, dass sie in den 90 Minuten auf dem Rasen absolut unschlagbar sind.

Das Gleiche gilt auch in einem Unternehmen.

Die größte Herausforderung ist nicht, die besten Mitarbeiter zu finden und einzustellen. Die größte Herausforderung eines Leaders ist, die Mitarbeiter und ihre einzigartigen Talente und Fähigkeiten so miteinander zu verbinden, dass die besten Spitzenleistungen – aus der Sicht der Endverbraucher – entstehen.

Die Mitarbeiter haben so viele Talente und Fähigkeiten, die in den meisten Firmen überhaupt nicht freigesetzt werden.

Stell dir Folgendes vor:

Jeden Morgen fahren Millionen von Menschen – Schatztruhen voller Talente, Potenziale und Fähigkeiten – in die Arbeit und abends ungeöffnet zurück, weil der Unternehmer keinen Schlüssel hat.

Stell dir vor, welche Energie hier verlorengeht und welche Potenziale für zusätzliche Wertschöpfung – bei gleichen Personalkosten – nicht genutzt werden, nur weil der Unternehmer kein Leader ist und keinen Schlüssel hat für die vielen Schatztruhen in seinem Haus.

Visionäre Leadership ist dieser Schlüssel, der die Schatztruhen der Mitarbeiter aufschließt.

Der visionäre Leader und Unternehmer der Zukunft kennt diese 25 unabänderlichen Teambau-Gesetze und hat die Fähigkeit, Menschen miteinander in einem hoch effektiven und effizienten Team miteinander zu verbinden.

Der Weg dorthin ist ein Prozess im Laufe eines langen Unternehmerlebens.

(Die 25 unabänderlichen Teambau-Gesetze werden im Workshop „Mitarbeiter-orientiere Unternehmensführung" behandelt.)

24. Habe ich Freude daran, wenn meine Mitarbeiter oder Geschäftspartner besser werden als ich selbst?

Ich habe viele Unternehmer kennengelernt, die haben ein Problem damit, wenn um sie herum die Menschen, Mitarbeiter, Geschäftspartner besser werden als sie selbst.

Aber lasse mich eines vorweg sagen: Wenn deine Mitarbeiter nicht besser werden dürfen als du selbst, dann gibt es in deinem Hause kein qualitatives Wachstum.

Leider ist es so, dass es viele Führungskräfte nicht vertragen können, wenn die Menschen um sie herum so richtig aufblühen. Diese könnten ihnen ja gefährlich werden und eines Tages ihren Arbeitsplatz in Anspruch nehmen, oder – als Unternehmer – ihnen sogar Konkurrenz machen.

Gut, diese Gefahr besteht immer, dass du dir deine Konkurrenz selbst produzierst, insbesondere dann, wenn man in deinem Unternehmen nach oben keinen Raum mehr findet, um weiterzuwachsen.

Wenn deine von dir ausgebildeten Mitarbeiter besser werden als du, besteht natürlich die Gefahr, dass daraus Konkurrenten entstehen. Das ist normal. Aber wenn die guten Leute in deinem Unternehmen nicht mehr weiterwachsen können, ihre Träume, Visionen und Ziele nicht erreichen können, weil du sie deckelst und alles tust, damit dir ja keiner zu groß wird, dann ist die Gefahr noch viel größer.

Wenn du ein wirklich er*voll*greicher Unternehmer sein möchtest und ein wirklich großartiges Unternehmen aufbauen möchtest, dann musst du richtig Freude daran haben, wenn deine Mitarbeiter um dich herum besser werden als du selbst.

Um das „verkraften“ zu können und sich sogar darüber freuen zu können, ist nur eines notwendig: Investiere in dich selbst. Höre als Chef nie auf qualitativ zu wachsen, an deiner starken Leader-Persönlichkeit zu arbeiten, dich selbst weiterzuentwickeln und vor allem, sich immer mehr mit echten Leadership-Aufgaben zu beschäftigen.

Dann werden die guten Leute auch in deinem Unternehmen bleiben, weil sie mit dir mitwachsen können und so entstehen dann wirklich einzigartig er*voll*greiche Unternehmen, für die es nach oben keine Grenze gibt. Es gibt genügend positive Beispiele dafür.

Aber wie immer: Mangelnde Leadership ist auch hier das Problem (wenn Mitarbeiter das Unternehmen verlassen) und visionäre Leadership ist auch hier die Lösung (wenn du möchtest, dass sie bei dir bleiben).

25. Bin ich mir dessen bewusst, dass man nur ein blühendes Unternehmen haben kann, wenn auch die Mitarbeiter blühen?

Jeder Unternehmer möchte gerne ein blühendes Unternehmen. Ein blühendes Unternehmen hast du aber nur, wenn deine Mitarbeiter blühen.

Bist du dir dessen wirklich bewusst? Viele Unternehmer sagen hier und heute natürlich „Ja", aber sie tun morgen wieder Dinge, die ihre Mitarbeiter frustrieren.

Was frustriert ist, produziert Frust. Was blüht, ist dabei Früchte hervorzubringen.

Wie schon gesagt: Ein wirklich guter Unternehmer konzentriert sich auf seine Mitarbeiter – nicht auf seine Kunden. Er tut alles, damit seine Mitarbeiter so richtig zur Höchstform auflaufen. Das ist aber nur möglich, wenn du ihnen eine Atmosphäre schaffst, in der Auf-Blühen die automatische Folge ist.

Hier fängt alles an: bei dir selbst.

Du arbeitest zuerst an dir und an deiner Persönlichkeit. Denn das, was du bist, wirst du auch anziehen – und das, was du hervorbringst (Frust oder Freude), das wirst du auch reproduzieren.

Das Zweite ist, dass du alles daran setzt, um deine Mitarbeiter in ihren Stärken weiter zu stärken und in ihren Schwächen mit den Stärken anderer abzudecken. Wer sich nur auf seine Stärken konzentrieren kann und weiß, dass seine Schwächen von anderen abgedeckt werden, der geht mit einer ganz anderen Einstellung und Kühnheit auf die Dinge zu.

Das Dritte ist, dass du in deinem Unternehmen eine Atmosphäre schaffst, in der jeder Mitarbeiter sich als ein Teil von einem großen Ganzen so richtig wohlfühlt und keine Angst mehr hat, aus sich so richtig rauszugehen. Er ist bereit alles, was in ihm steckt, freizusetzen und in das Unternehmen einzubringen, weil er sich in einer geschützten Atmosphäre weiß.

Visionäre Leadership ist hier der Schlüssel.

Das Vierte ist: Mit Anerkennung nicht sparsam umgehen und die Ehre für den gemeinsamen Er*voll*g auch denen geben, die ihn wirklich verdienen. Dem einzelnen Mitarbeiter und dem Team.

Ein guter Firmenchef und Leader sonnt sich nicht in der Anerkennung, die eigentlich seinen Mitarbeitern gebührt. Er kennt das alte Sprichwort „Ehre, wem Ehre gebührt“ und lebt das auch.

Es ist so einfach.

Die meisten Menschen haben

keinen Mangel an Wissen, sondern

einen großen Mangel am TUN.

Und das meist deswegen,

weil sie meinen,

es sei alles so kompliziert.

Es ist aber so einfach er*voll*greich

zu sein, wenn man weiß,

was man will und es auch TUT.

Eine wahre Geschichte

Im Jahre 1912 kam der Effizienz-Experte Ivy Lee zu seinem möglichen Klienten Charles Schwab. Schwab war der Chef von Bethlehem Steel, des später weltweit führenden unabhängigen Stahl-Produzenten.

Lee präsentierte Schwab sein Beratungsangebot und welchen Nutzen Bethlehem Steel davon haben könnte. Lee beendete seine Präsentation wie folgt:

„Mit unserem Know-how können wir Ihnen helfen, Ihre Firma besser zu managen".

Darauf antwortete Schwab: „Wir brauchen nicht mehr „knowing" (Wissen), sondern mehr „doing" (Umsetzen). Wenn Sie uns etwas geben können, was uns hilft, das, was wir bereits wissen, besser und effizienter zu **tun**, würde ich Ihnen jeden vernünftigen Preis dafür bezahlen."

„Ich kann Ihnen in 20 Minuten etwas zeigen, was Ihre Effizienz mindestens um 50 % erhöhen würde", sagte Lee.

„Ok", sagte Schwab, „zeigen Sie es mir."

Lee gab dann an Schwab ein leeres Blatt Papier und sagte:

„Schreiben Sie die sechs wichtigsten Aufgaben auf, die Sie morgen zu tun haben, in der Reihenfolge ihrer Wichtigkeit. Das Erste, was Sie dann morgen früh tun, ist: Sie nehmen den Punkt eins und arbeiten daran, bis Sie damit fertig sind.

Dann nehmen Sie den Punkt zwei in Angriff usw. und arbeiten daran bis zum Arbeitsschluss am Abend. Machen Sie sich aber keine Sorgen, wenn Sie an diesem Tag nur 1 oder 2 der Aufgaben erledigt haben. Natürlich machen Sie zwischendurch dringende Erledigungen, aber dann arbeiten Sie weiter an den wichtigsten Aufgaben entsprechend der Prioritäten-Reihenfolge. Die anderen können warten.

Machen Sie das zu Ihrer Gewohnheit. Tag für Tag. Geben Sie dieses Rezept weiter an die Menschen, mit denen Sie zusammenarbeiten. Versuchen Sie diese Methode, solange Sie möchten. Dann senden Sie mir mal einen Scheck dafür in der Höhe, was es Ihnen wert ist, dass ich Ihnen diese Methode gesagt habe."

Einige Wochen später sandte Schwab an Lee einen Scheck über 25.000,- USD mit einem Brief dazu, wo er mitteilte, dass er mit diesem Tipp eine äußerst wichtige Lektion gelernt hatte.

Fünf Jahre später wusste jeder, dass diese Methode ganz wesentlich dafür verantwortlich war, dass Bethlehem Steel von einer relativ unbekannten Firma zum größten, unabhängigen Stahl-Produzenten wurde. Schwab verdiente dadurch Hunderte Millionen Dollar und wurde zum bekanntesten Stahl-Manager der Welt.

Unbekannter Autor

Ja, es ist so einfach.

Über den Autor Karl Pilsl

geboren 1948 in Sarleinsbach/Oberösterreich, seit 1979 verheiratet mit Monika, Vater von 8 Kindern und bisher 15 Enkelkindern

Ein Visionär, Pionier, Reformator und revolutionärer Denker, Herausforderer des Status quo, Politiker, Auswanderer und Wirtschaftsjournalist in den USA, 8-facher Vater, Pastor und Menschenspezialist, Public Speaker, Ermutiger und Inspirator Hunderttausender Menschen, Verleger und Autor von mehr als 25 Büchern, wegen seiner Botschaft und auch eigenen Fehlverhaltens oft angefeindet, verleumdet, missverstanden, mehrmals er*voll*greich gescheitert und wieder aufgestanden ... und alle Fehler selbst gemacht, die man so machen kann.

Sein wirklich erfahrungsreicher Weg vom Landwirts- und Totengräbersohn über den Tischlerlehrling, den Gemeindeamtsleiter, Selbstständigen – Unternehmer – Kaufmann – Leader und Mentor Zigtausender Menschen.

Karl Pilsl, ein Mann mit einer Botschaft für die heutige Zeit – besonders für Menschen, die Orientierung suchen und noch viel mehr aus ihrem Leben machen möchten.

Karl Pilsl ermutigt seit Jahrzehnten viele Menschen, sich die entscheidende Frage des Lebens zu stellen: **„Was haben andere Menschen davon, dass es mich gibt?“**

Ja, wir müssen umdenken.

Viele Menschen brauchen dazu Hilfe, Unterstützung, Ermutigung, Training, Coaching, ...

Karl Pilsl steht auch für Vorträge zur Verfügung, die hoch inspirativen Charakter haben und Menschen ganz stark zu unternehmerischem Denken motivieren und dazu ermutigen ihr Leben selbst in die Hand zu nehmen.

Mehr Infos zu seiner Arbeit unter: *www.umdenk-akademie.de*
www.umdenk-trainer.de

Referenzen: *www.wirtschaftsrevolution.de/karlpilsl/referenzen*

Weitere Medien von Karl Pilsl

10 Schritte zu einem erfüllten, ervollgreichen Leben
12,00 Euro
978-3-935760-10-2

45plus – Die Faszination der zweiten Lebenshälfte
10,00 Euro
978-3-935760-31-7

Neue Perspektiven für Ihre Zukunft
12,00 Euro
978-3-935760-32-4

Hörbuch: Georg – Auf der Startbahn in eine außergewöhnliche Karriere
17,80 Euro
978-3-935760-33-1

Audio-CD-Set: Was haben andere Menschen davon, dass es mich gibt?
38,00 Euro
978-3-935760-26-3

DVD: Die Zukunft gehört den Menschenspezialisten
48,00 Euro
978-3-935760-36-2

www.wirtschaftsrevolution.de/shop

Weitere Medien zum Thema

Ihr Traum auf dem Prüfstand
von John C. Maxwell

Zehn Fragen, die Ihnen helfen Ihren Traum glasklar zu sehen und zu verwirklichen

19,90 Euro
ISBN: 978-3-941986-02-2

Ultimative Produktivität
von Jim Stovall

Ein maßgeschneiderter Leitfaden, um Ihren persönlichen Erfolgsweg zu entdecken

17,90 Euro
ISBN: 978-3-941986-00-8

www.wirtschaftsrevolution.de/shop